隆尧县
现代农业园区发展研究

◎屈宝香 信 军 霍剑波 钟 葵 李 娟 刘 爽 著

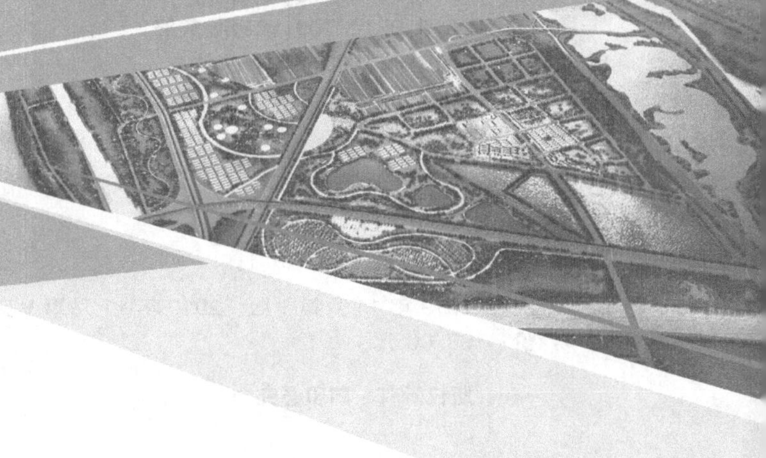

中国农业科学技术出版社

图书在版编目（CIP）数据

隆尧县现代农业园区发展研究 / 屈宝香等著 .—北京：中国农业科学技术出版社，2019.11

ISBN 978-7-5116-4525-8

Ⅰ.①隆… Ⅱ.①屈… Ⅲ.①农业园区-经济发展-研究-隆尧县 Ⅳ.①F327.224

中国版本图书馆 CIP 数据核字（2019）第 262478 号

责任编辑 陶　莲　闫庆健
责任校对 马广洋

出 版 者 中国农业科学技术出版社
北京市中关村南大街 12 号　邮编：100081
电　　话 (010)82109705(编辑室)　(010)82109702(发行部)
(010)82109709(读者服务部)
传　　真 (010)82106625
网　　址 http://www.castp.cn
经 销 者 各地新华书店
印 刷 者 北京建宏印刷有限公司
开　　本 710mm×1 000mm　1/16
印　　张 12.875　彩插　24 面
字　　数 242 千字
版　　次 2019 年 11 月第 1 版　2019 年 11 月第 1 次印刷
定　　价 88.00 元

版权所有·翻印必究

《隆尧县现代农业园区发展研究》

著者名单

主　著：屈宝香　信　军　霍剑波　钟　葵
李　娟　刘　爽

参　著：王　栋　郭　毅　钱静斐　浦　华
王耀林　向　雁　刘之慧　王现军
魏保振　李现国　张敬辉　韩现华
罗彦申　张　杰　杜　凯　赵玙璠
王海英　李晓琳　罗　康　刘丽军
王宏伟　张兆钰　梁　晨　刘韵非
陈　晨　景睿松　武　斌　张　新
赵　晶　张丹丹　武中庆　李　薇
王　锋　闵继征　路家涛　姜　伟

前　言

受资源、市场双重约束和现代农业技术发展及应用步伐加快的影响，中国正由传统农业向现代农业、由粗放经营向集约经营转变，由“数量型”向“质量、效益型”农业转变，各地根据本地区农业资源禀赋和农业与农村经济发展特点，创建培育以市场为导向、以科技为支撑且各具区域特色的农业发展新模式。因而作为现代集约型农业示范窗口的现代农业园区如雨后春笋般破土而出，其作为通过一二三产融合实现农业提质增效的试验田，既是我国当前农村经营体制和市场经济条件下农业产业创新的需要，也是乡村振兴、县域经济发展、农业科技与产业结合的有效抓手。2015 年以来，河北省隆尧县认真贯彻落实市委、市政府《关于加快现代农业园区发展的意见》等文件精神，多次召开专题会议，出台优惠扶持政策，大力发展现代农业园区建设，取得了明显成效，目前全县共有 5 个现代农业园区，其中省级现代农业园区 1 家，市级现代农业园区 4 家。省级园区为隆尧县东方现代农业园区，市级园区为隆尧县千户现代农业园区、隆尧县柏人现代农业园区、河北宝仁现代农业园区和隆尧县北方现代农业园区。根据 2018 年现代农业园区工作考核方案要求，将隆尧县现代农业园区建设发展中的成功经验与探索实践总结如下。

一是加强领导。隆尧县成立了隆尧县现代农业园区建设工作领导小组，县长李建强为组长，副县长王耀民为副组长，农工委、农业局、国土资源局、规划局、发改局和各乡镇主要领导为成员，切实加强对隆尧县现代农业园区的领导和管理。同时，园区领导小组下设办公室，办公室设在农业局，农业局局长担任办公室主任，具体负责园区建设工作的安排、协调和推进。另外，5 个园区全部成立了园区管委会，做到了有专职人员、有专门办公场所、有工作制度、有目标任务、有考核办法。

二是多措并举推进园区建设。隆尧县高度重视园区建设工作，利用会议、下发文件、强化宣传、组织观摩、建立信息交流平台等多种方式，加快园区建设。据统计，今年以县委、县政府名义召开会议 2 次，县委、县政府和农业局各发文 1 次，制定了《中共隆尧县委 隆尧县人民政府关于加快现代农业园区建设工作的实施意见》（隆字〔2018〕31 号）和《隆尧县人民政府关于支持现代农业园区发展的暂行办法》（隆政发〔2018〕13 号）两个加快园区发展文件，调动了农业企业、合作社、农户建设高标准园区，发展科技农业、质量农业、绿色农业、品牌农业的积极性。2018 年组织园区内新型经营主体、种地大户到山东寿光、衡水饶阳观摩培训、学习交流 200 人次，各园区也都建立了信息交流平台。

三是加大财政资金投入。2018 年 8 月李氏恳亲大会在隆尧召开，柏人园区是大会参观的重要景点之一。2018 年隆尧县多方筹措资金加大园区基础设施建设，全年共利用财政资金 260 万元，整合专项资金8 000万元。

四是加大招商引资力度。积极开展招商引资，通过项目建设带动园区发展。2018 年，隆尧县 4 个市级园区共引进招商项目 7 个，其中亿元以上项目 2 个，为宝仁一二三融合发展建设项目和河北小康食品年产 2. 5 万吨熟食制品项目。1 000 万元以上项目 5 个，分别为红沙峪休闲农庄建设项目、郝家庄羊肚菌种植基地建设项目、自辉家庭农场建设项目、小孟设施大棚及观光农业建设项目、千户秋月梨基地建设项目。同时，积极帮助新型经营主体解决发展资金困难，今年共协调企业金融贷款6 000万元。

五是加快科技应用。积极鼓励园区和大专院校、科研机构开展合作，发展科技型产业，提升园区建设水平。隆尧县柏人休闲农业园区与河北农业大学、河北山区研究所签订了核桃技术服务协议，建立了长期合作关系；千户园区近两年在杜家庄、枣驼、怡东农牧等地发展联栋大棚面积达到 800 亩以上，种植品种有葡萄、冬瓜、草莓等。同时，积极开展培训，紧密结合园区特点和产业发展方向，办培训班 6 次，培训农民1 100人次。

六是加快品牌建设。隆尧县千户现代农业园区内怡东农牧生产的黄瓜、青椒、油菜通过有机农产品认证；邢台市群兴蔬菜合作社生产的冬瓜、黄瓜获无公害认证；柏人园区生产的核桃通过绿色食品认证；北方现代农业园区生产的西瓜通过绿色认证；宝仁现代农业园区生产的苹果通过无公害认证。园区内宝信物流获河北省农业产业化重点龙头企业、中国物流4A级物流企业称号。隆尧现代农业园区的发展，受到各级领导的重视和肯定，多次受到表彰和奖励。综合各个方面评分标准，按照客观公正原则，自评为优秀。

本书详细介绍了隆尧县现代农业园区规划背景与依据、规划基础与条件、指导思想，园区布局和建设内容等。

由于作者水平有限、书中错漏在所难免，恳请有关专家和广大读者指正。

著　者

2019年1月3日

目　　录

第一篇　隆尧东方现代农业园区规划

第二篇　隆尧千户现代农业园区总体规划

第三篇　隆尧柏人休闲农业园区总体规划

第一篇
隆尧东方现代农业园区规划

第一章　规划背景与依据

一、规划背景

隆尧东方现代农业园区为省级现代农业园区。东方现代农业园区地处河北省隆尧县东南部，主要包括莲子镇全域、牛桥乡南侧13个行政村、魏庄镇东南部4个行政村，总计40个行政村，涉及总户数15 970户，人口70 298人。区域总面积15.2万亩，其中耕地面积11.5万亩，占总面积的75.3%。

截至2017年，园区范围内共有企业80余家，认定国家级农业产业化重点龙头企业1家（今麦郎）、省级龙头企业5家（今麦郎、华统面业、旭日食品、金源色素、宏望食品）、市级龙头企业13家，拥有中国驰名商标（华龙、今麦郎）2件，中国名牌产品（甲家面粉）1个，河北省著名商标13件，河北省名牌产品4个。同时，园区现有广茂祥核桃、泽阳园、绿风园林等3个特色示范园区，成为林果、苗圃、养殖、休闲观光等产业亮点。通过积极引导，园区内农民专业合作社达到249家，入社成员达12 269户，带动上万户农户从事农业产业化经营。

园区现有今麦郎、河北华统、河北宏望等面食加工企业10家，今麦郎饮品、志祥蓝莓、初元饮品等果汁类企业5家，光华粉丝、今麦郎粉条等粉丝粉条类企业4家，今野调味品、河北金源等调料类企业3家，河北新得力、隆尧保德利、河北喔喔等制糖类企业3家，今麦郎卤蛋、河北凤韩、河北辛奇等副食品加工企业6家，隆尧加西亚、隆尧县小马兄弟等休闲食品企业3家。

按照园区的发展重点将园区整体划分为核心规划区和辐射带动区"，具体空间布局为"一心一环一带二区"。

核心规划区主要以“一心”的东方食品城为主，重点发展传统优势方便食品产业及其相关配套产业（包材产业、物流产业），扩大产业规模和品牌影响力，提升加工技术科技含量，促进相关产业发展壮大和建设相关产业基地；延伸产业链条；积极发展新兴食品、生物医药等新型产业，突出产业科技含量，走新型产业发展道路；逐步建设和扶持中小企业，培育孵化新的优势产业。形成具有较强市场竞争力的特色经济和区域产业链。

辐射带动区主要包括“一环一带二区”。依托东方食品城强大的资源、产业和科技优势，辐射带动周边农户发展现代农业。

“一环”是沿东方食品城10千米环城水系，主要发展生态农业。

“一带”为枣驼至北闫庄公路两侧的畜禽养殖产业带。

“二区”指大华线两侧的优质小麦产业区和滨河路西段两侧发展设施农业种植区。

辐射带动区因地制宜发展高效种养、精品设施农业和休闲观光农业，为核心区加工产业基地提供规模化、统一化、良种化、专用化的优质农产品原料，调整园区农业产业结构，推动园区现代农业的整体协调、可持续发展。

园区创建思路：隆尧东方现代农业园区以2015年中央一号文件精神为指导，依托隆尧县东方食品城为核心，以农产品加工业为引领，双向延伸；以改革创新为动力，技术为先；以市场为主导，坚持政府引导；以因地制宜为主线，坚持产业集聚。大力发展园区的农产品加工业，重点发展二产，培育特色明显、优势突出、规模化发展的战略性食品支撑产业，提高农产品的附加值；通过二产带动园区一产基础农业、促进三产休闲农业，实现加工业引领园区一二三产业实质融合发展，延伸农业产业链条，辐射带动周围农业发展。通过多种形式并举优化园区的农业产业结构，实现园区农业的提质增效和农民增收，走可持续发展的现代农业道路。

园区总体目标：重点规划园区的农产品加工产业，积极发展园区的现代种养和标准化蔬菜，因地制宜发展休闲观光农业，将园区打造成为全国知名的农产品加工及食品包材物流产业集聚带、高新技术研究和科技创新转化展示中心、现代农业科技产业孵化中心、城郊农业生态旅游与休闲带。到2020年，将园区打造为基础设施基本完善、产业结构合理、主导产业特色鲜明、科技支撑力强、生态环境良好、具有较强市场竞争力和特色的省级乃至国家级现代农业加工园区，走一二三产融合发展的现代农业产业化道路。

（一）项目提出的背景

农业是安天下、稳民心的战略产业。农业的健康发展关系人民的切身利益、社会的安定和整个国民经济的发展。在现代农业发展方式转变中，开发农业多种功能、推进农业产业链和价值链建设、促进一二三产业融合，成为提高农业综合效益的重要途径。

2015年，党的十八届五中全会通过的《中共中央关于制定国民经济和社会发展第十三个五年规划的建议》中指出，今后五年，要着力构建现代农业产业体系、生产体系、经营体系，提高农业质量效益和竞争力，推动粮经饲统筹、农林牧渔结合、种养加一体、一二三产业融合发展，走产出高效、产品安全、资源节约、环境友好的农业现代化道路。2016年中央一号文件《关于落实发展新理念加快农业现代化实现全面小康目标的若干意见》中进一步提出“必须充分发挥农村的独特优势，深度挖掘农业的多种功能，培育壮大农村的新产业新业态，推动产业融合发展成为农民增收的重要支撑，让农村成为可以大有作为的广阔天地。”《中国国民经济和社会发展第十三个五年规划纲要》中同样提出“推进农村一二三产业融合发展，……积极发展农产品加工业和农业生产性服务业。拓展农业多种功能，推进农业与旅游休闲、教育文化、健康养生等深度融合，发展观光农业、体验农业、创意农业等新业态。”在“三产融合”的产业链条中，以农产品加工业为代表的二产起到“促进一产，链接三产”的关键作用。农产品加工产业被誉为“永恒的朝阳产业”，已成为国民经济中增长最快、最具活力的产业之一，在提高城乡居民生活水平、推动相关产业发展、扩大就业、带动农民增收等方面发挥了重要作用。推进农村一二三产业融合发展，一产是基点，二产是重点，三产是亮点。要以农产品加工业为引领，使产业链、价值链呈前延后伸融合发展态势。

河北省是全国农业大省，但还不是农业强省，农产品加工业大而不强、结构全而不优、一二三产联而不紧的问题，成为制约河北省现代农业发展的明显短板。为加快农业转方式、调结构步伐，河北省农业厅将农产品加工业提升行动列为全省农业战线工作上的“三大提升行动”之一，提出了“到2020年再新造一个河北农业”的目标。行动中紧紧抓住建园区、强加工、融三产三个关键点，把产业链、价值链等现代产业组织方式引入农业，通过发展加工业辐射种养业、带动服务业、完善增收链，使农民分享产业链各环节利润。通过农产品加工提升行动的实施，河北省农产品加工业发展逐渐提速，呈现出“三个转变”的新气象，即由数量扩大向质量提升转变，龙头企业发展由单个突破向集群发展转变，企农利益联结由松散向紧密转变。

隆尧县地处太行山东麓、河北省中南部、华北平原腹地。近年来，隆尧县围绕“转型升级，赶先进位，惠及民生，和谐发展”的发展目标，着力推动经济发展方式转型升级，初步形成了以食品制造、装备制造为主导，新型建材、纺织服装协调发展的产业格局，成为全国最大的方便面生产基地、北方最大的阀门制造基地、河北省重要的建材基地。2015年，全县生产总值达到90.3亿元，全部财政收入达到6.5亿元，城乡居民人均收入分别达到20 395元和9 510元。“十三五”时期，隆尧县将紧紧围绕县委全会确定的“争先进位、富民强县”总目标，大力落实“11446”发展思路，积极构建“135”空间布局，着力做好经济增量提升、产业结构优化、新型城镇化发展、生态环境改善、改革创新驱动、民生事业进步等各项工作，努力推动经济稳中向好、快步繁荣，社会稳定有序、幸福和谐，确保如期全面建成小康社会。

隆尧农业发展条件优越，全县耕地面积84.45万亩*，以小麦、玉米为主的粮食作物总产量达到52.4万吨，连续3年被评为全国粮食生产先进县；常年蔬菜种植面积13.7万亩左右，总产量达到66.69万吨，拥有隆尧辣椒、泽畔藕、隆尧大葱等一批特色蔬菜产品，怡东农牧等11家单位的26个蔬菜品种通过有机、绿色、无公害蔬菜和地理标志等品牌认证，面积达5.25万亩；隆正种养、天兴蛋鸡等一批养殖项目顺利实施，肉、蛋、奶产量分别达到3.65万吨、8.36万吨、2.53万吨；拥有市级以上农业产业化龙头企业40家，登记注册家庭农场35家，被评为邢台市农业招商先进县、农业产业化经营先进县。“十三五”期间，隆尧县以提质增效为核心，以“优粮、增蔬、扩林、培养、强加”作为农业产业结构调整的总体思路，大力实施粮食安全、优质蔬菜、畜禽标准化、精品

* 1亩≈667m^2，15亩=1公顷，全书同

林果、精深加工、美丽乡村与休闲农业等现代农业重点建设工程，构建“一核三带多园三板块”的“13n3”产业空间格局。

隆尧东方现代农业园区位于隆尧县东南方，是“十三五”期间内重点建设的三个各有亮点的现代农业园区之一，整体定位为以农产品加工业为引领，集优质粮食、特色畜禽、设施蔬菜、休闲观光为一体的综合性省级农业示范园区。拟通过园区的建设建立隆尧食品加工产业与现代农业产业发展融合模式，有效提升当地优质粮食、特色畜禽、设施蔬菜等生产管理水平，逐步形成园区优势特色产业体系，实现农业增效和农民增收。

（二）园区建设的必要性

1. 是不断提高农业综合生产能力，提升农产品质量安全水平的重大举措

推进农业现代化，要更加全面贯彻落实稳定、完善和强化扶持农业发展的政策，着力拓展农业生产、生活、生态功能，进一步调动农民的积极性、主动性、创造性；加强农田水利建设，提高农业抗御自然灾害的能力；加快农业科技创新，健全农业投入机制，提高农村劳动者素质。因此，只有大力发展现代农业，才能不断提高农业综合生产能力，确保农产品的有效供给。同时，现代农业又是质量安全的农业，要让消费者吃饱吃好、吃得安全放心，要坚持“产出来”与“管出来”两手抓。一方面，大力推进标准化生产。要继续推进园艺作物标准化生产和畜禽标准化规模养殖，加强源头治理，规范生产过程，着力打造一大批农业标准化生产基地和农产品知名品牌。另一方面，不断强化食品安全监管。要按照中央的部署和要求，抓紧健全农产品质量安全标准体系和监测评估体系，启动追溯管理信息平台建设，完善监管机构和监管机制，加大综合执法与专项整治力度，全面提升农产品质量安全水平。

2. 是通过三产融合培育主导产业，提高农产品市场竞争力的必然选择

依托园区良好的食品加工产业基础和政策环境，实现食品加工产业的集群化发展；以“一二三产融合发展”为建设思路，通过农产品加工产业的反向带动向前延伸，引领园区粮食、蔬菜、畜禽等农业产业规模化、集约化、标准化发

展。同时，拓展现代农业观光休闲功能，开发休闲旅游观光项目。

通过建设现代农业园区，提高园区现代农业生产的科技含量，辐射、带动发展规模生产，努力提高专业化程度，实现主导产业的产业化经营；示范推广新品种的选育、高效农业生产、病虫害与疫病综合防治等先进集成配套技术，促进资源、技术、资本等生产要素的合理配置，以降低生产成本，不断提升农业的市场竞争力。

3. 是培育现代农业新型经营主体，提高产业化经营水平的需要

依托食品加工产业优势，建设隆尧县东方现代农业园区，有效壮大现有龙头企业，培育成长型优质企业，积极打造集高效种养、加工物流、休闲旅游为一体的龙头企业集群。现代农业园区建成后有利于争取国家、地方各项专项资金，同时还将在土地、金融、税收等方面提供更加实惠的支持措施，通过一手引进、维护大型食品加工企业，一手引导、培育中小型龙头企业，引导现代农业企业集群集聚发展。通过龙头企业带动，正确引导农户、农民专业合作社、农村集体经济组织和科研推广机构等各类生产经营单位的联合与合作，探索适合不同条件的农业生产投入、经营管理和利益分配的新型体制机制，解决园区范围内农业生产组织化程度低的问题，形成农户与市场更加有效的对接机制，推动建立符合当地实际和产业特点的现代农业生产经营组织形式。

4. 是现代农业产业提质增效和农民增收的有效途径

农业是基础产业，近年来隆尧县农民人均纯收入持续增长，但是与“到2020年全面建成小康社会”的战略目标新要求相比还存在一定差距；与统筹推进工业化、城镇化和农业现代化协调发展，促进人民生活更加幸福、更有尊严的新任务相比还存在一定差距。通过建设隆尧东方现代农业园区，着力拓展农业生产、生活、生态功能，确保粮食、蔬菜、畜禽等产品的有效供给，不断拓展农民创业就业渠道，确保农民收入持续增收。

加快形成城乡经济社会发展一体化新格局是推进农村改革发展的根本要求。建设隆尧东方现代农业园区，是把农业和非农业、生产与加工、一二三产业结合在一起的新型交叉产业，体现了“城郊合一”的特点，具有生产、生活、生态和示范等多种功能。建设隆尧东方现代农业园区，可以推动加快建立与城市发展相匹配、功能充分发挥的园区型现代农业产业体系，培育和强化农业发展对建设

宜居城市的生态支撑与保障功能，培育和强化农业发展对促进城乡和谐、提高居民食品质量安全和精神文化生活的支撑与保障功能，促进城乡产业深度融合，促进城乡良性互动、共同发展。建设隆尧东方现代农业园区有利于实现园区农民乃至隆尧县农民收入的持续增长，有利于推进隆尧县城乡经济社会发展一体化进程。

二、编制依据

①中国共产党第十八次全国代表大会报告——《坚定不移沿着中国特色社会主义道路前进为全面建设小康社会而奋斗》。

②《中华人民共和国国民经济和社会发展第十三个五年规划纲要》。

③《关于落实发展新理念加快农业现代化实现全面小康目标的若干意见》（2016 年中央一号文件）。

④《农业部关于创建国家现代农业示范区的意见》（农计发〔2009〕33 号）及其国家现代农业示范区认定管理办法。

⑤《国务院关于支持农业产业化龙头企业发展的意见》（国发〔2012〕10 号）。

⑥《农业部关于推进农业项目资金倾斜支持国家现代农业示范区建设的通知》（农计发〔2012〕19 号）。

⑦《农业部财政部银监会关于加强国家现代农业示范区农业改革与建设试点工作的指导意见》（农计发〔2013〕18 号）。

⑧农业部《关于 2014 年申报创建国家现代农业示范区的通知》（农计发〔2014〕77 号）。

⑨农业部现代农业示范区管理办公室《国家现代农业示范区文件汇编》（2013 年 11 月）。

⑩《关于支持多种形式适度规模经营促进转变农业发展方式的意见》（财农〔2015〕98 号）。

⑪国土资源部、农业部《关于进一步支持设施农业健康发展的通知》（国土资发〔2014〕127 号）。

⑫《中华人民共和国基本农田保护条例》。

⑬河北省农业综合开发办公室《关于创建现代农业综合开发示范区的通知》（冀农发办〔2012〕号）。

⑭中共河北省委办公厅河北省人民政府办公厅《关于加快现代农业园区发展的意见》。

⑮《河北省现代农业园区认定管理办法》。

⑯《邢台市现代农业发展规划（2016—2020年）》。

⑰《关于支持农业招商引资加快农业产业化发展的实施意见》（邢政〔2014〕7号）。

⑱《隆尧县国民经济和社会发展第十三个五年规划纲要》。

⑲《隆尧县土地利用总体规划（2010—2020年）》。

⑳《隆尧县城乡总体规划（2013—2030年）》。

㉑《隆尧县交通运输“十三五”发展规划》。

㉒《隆尧县“十三五”期间水利发展规划》。

㉓隆尧县政府工作报告（2016年）。

㉔《河北邢台滏阳经济开发区总体规划（2014—2030年）》。

㉕《隆尧县“东方食品城”产业发展规划（2010—2020年）》。

㉖隆尧县基础调研其他相关数据、资料。

三、规划范围与期限

（一）规划范围

园区地处隆尧县东南部，主要包括莲子镇镇全域、牛桥乡南侧 13 个行政村、魏庄镇东南 4 个行政村，总计 40 个行政村，涉及总户数 15 970户，人口 70 298人。区域总面积 15. 2 万亩，其中耕地面积 11. 5 万亩，占总面积的 75. 3%。

（二）规划期限

本园区规划期限为 2016—2020 年，对规划期限内主要建设任务、发展目标和效益预测做出详细规划。根据园区发展趋势，展望 2025 年园区产生的经济效益。

第二章　规划基础与条件

一、自然与经济社会状况

（一）农业自然条件

1. 气候资源

园区属暖温带亚湿润大陆性季风型气候。四季分明，春季干燥多风，夏季炎热多雨，秋季温和凉爽，冬季寒冷少雪。年平均气温 13℃，极端最高气温 42.5℃，极端最低气温-24.8℃（图 2-1）。全年无霜期平均 193 天。平均年降水量 491.3 毫米，年降水量最多为 900.2 毫米，最少为 249.6 毫米，夏季平均降水 327.9 毫米，占年总量的 67%（图 2-2）。全年日照时数平均2 142.9小时，太阳年辐射总量 128.5 千卡/厘米^2。

2. 地形地貌

园区以澧河为界，西为平原、东为洼地，地势西高东低，海拔 25~60 米。

3. 土壤条件

园区大部分区域土壤类型为潮土，小漳河两侧区域点片分布部分盐土。区域土壤养分含量较高，耕层有机质含量在 10.1~13.5 克/千克，适宜小麦、玉米等农产品生产（表 2-1）。

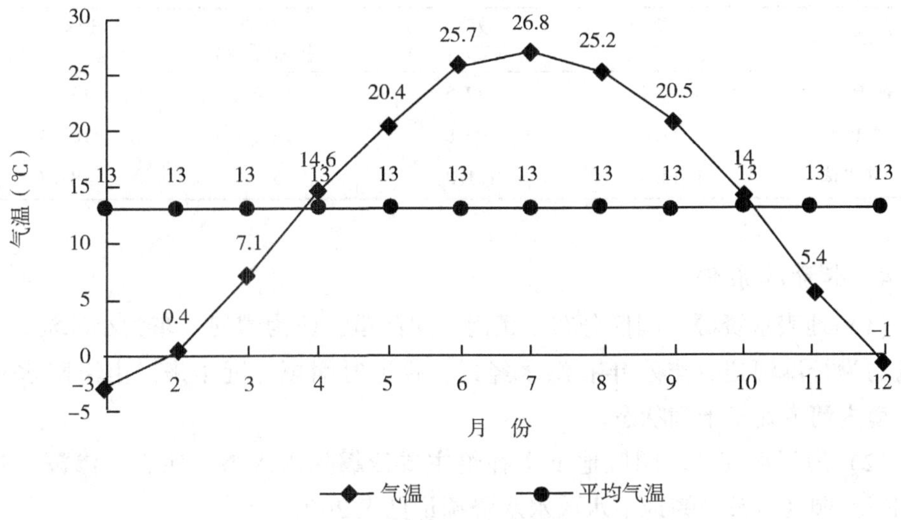

图 2-1 规划区气温（℃）

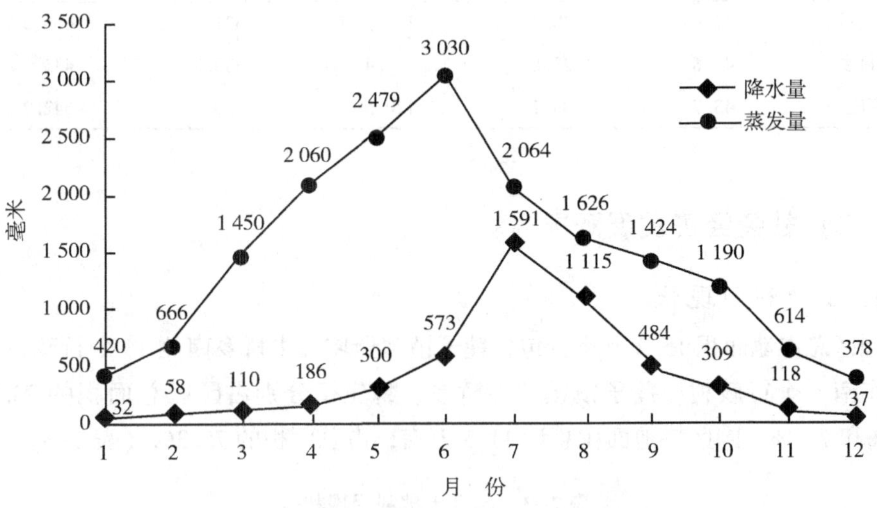

图 2-2 规划区降水及蒸发情况（毫米）

表 2-1　规划区土壤性质

区域范围	有机质（克/千克）	碱解氮（毫克/千克）	有效磷（毫克/千克）	速效钾（毫克/千克）
莲子镇镇	10.1	79.5	19.6	130.7
牛桥乡	11.4	99.8	19.1	168.4
魏庄镇	13.5	101.3	16.6	82.7

4. 水资源条件

（1）地表水资源。园区分布 2 条南北向河道，西为澧河，东为小漳河。2 条河道均为行洪河道，丰水年有洪水经过，径流时间短。近年来，由于降水量减少，境内河道处于干涸状态。

（2）地下水资源。园区地下水补给主要依靠降水入渗、地表水渗漏、井灌回归等，园区涉及乡镇地下水淡水水资源量见表 2-2。

表 2-2　规划区地下水淡水水资源量

乡镇名称	面积（千米^2）	降水入渗（万米^3）	地表水渗漏（万米^3）	井灌回归（万米^3）	总补给量（万米^3）
莲子镇镇	77.9	38.9	115.4	531	685.3
牛桥乡	47.6	23.8	75.4	335.8	435
魏家庄镇	43.7	83.1	170.5	389.1	642.7

（二）社会经济发展概况

1. 土地利用现状

园区总占地面积 15.2 万亩，包含莲子镇镇全域、牛桥乡南侧 13 个行政村、魏庄镇东南 4 个行政村，莲子镇镇、牛桥乡、魏庄镇分别占园区总面积的 73.9%、18.9%和 7.2%。园区耕地面积总计 11.5 万亩，占总面积的 75.3%（表 2-3）。

表 2-3　园区土地利用现状

序号	用地名称	数量（亩）	占园区用地比例（%）
1	园区总占地面积	152 475.3	100

（续表）

序号	用地名称	数量（亩）	占园区用地比例（%）
1.1	莲子镇镇	112 693.6	73.9
1.2	牛桥乡	28 793.1	18.9
1.3	魏庄镇	10 988.6	7.2
2	园区耕地面积	114 748	75.3
2.1	莲子镇镇	80 205	52.6
2.2	牛桥乡	7 510	4.9
2.3	魏庄镇	27 033	17.7

2. 社会经济发展现状

2015 年，隆尧县生产总值达到 90.3 亿元，五年年均增长 6.8%；全部财政收入达到 6.5 亿元，年均增长 6.5%，其中公共财政预算收入达到 3.4 亿元，年均增长 12.9%；固定资产投资达到 81.9 亿元，年均增长 21.1%。综合实力继续保持了邢台市第一发展平台县的位次。

园区内涉及总人口 7.39 万人，其中东方食品城涉及人口 5 万余人；2015 年东方食品城主营业务收入 186.38 亿元，上缴税金 2.24 亿元，财政收入 2.53 亿元，占隆尧县财政收入的 38.73%。

3. 农业基础配套设施

园区内地势平坦，土壤肥沃，现有机井1 000多眼，建有 3 座 35 千伏安变电站、1 座 110 千伏安变电站，供电资源充裕、安全可靠。园区内农机总动力 15.5 千瓦，有联合收割机 317 台，大型拖拉机 917 台，配套农机具5 000台，农业生产活动基本实现机械化，综合机械化率达到 85%。

4. 人口数量及素质

园区涉及 1.69 万乡村户数，总人口达 7.39 万人。乡村劳动力资源数中男女比例约为 1.1∶1；从事农业的人员占乡村总从业人员的 35.9%，男女比例约为 1.3∶1；乡村人口高中以上文化水平的人员占总人口数的 23.6%。

二、产业发展现状分析

（一）园区产业发展现状分析

园区主导产业为以食品加工业为代表的二产和以小麦、蔬菜、畜产品生产为代表的一产。

1. 食品加工业

园区二产主要为食品加工业，集中在东方食品城，以面食、饮品、调味料等产品加工为主，目前建成区 8 千米^2，人口 5 万余人。今麦郎日清食品有限公司、河北华统、河北宏望等多家企业入驻东方现代农业园区，同时拥有调味品、食品容器、彩印包装等配套产品的生产线，形成了完整的食品加工产业链。年产方便面 80 万吨、挂面 25 万吨、面粉 46 万吨、饮品 100 万吨、粉丝 4.5 万吨、卤蛋 4.8 亿枚、湿面 1 万吨、饼干 1.2 万吨、彩印塑膜 5 万吨、食品容器 6 亿只。

2. 农业产业

2015 年，园区所在 3 个乡镇的全年粮食种植面积为 23.55 万亩，总产量 10.8 万吨，占全县粮食总产量的 20.33%。蔬菜产业，特别是设施蔬菜近年发展迅猛，2015 年全年蔬菜播种面积 3.22 万亩（占全县蔬菜播种面积的 24.18%），总产量 15.62 万吨（占全县总产量的 24.1%）；园区内入驻朦鹏、沁源等畜禽养殖企业 10 多家，猪、肉牛等养殖产业形成一定规模；全年生猪出栏量 3.17 万头（占全县总出栏量的 11.36%），肉牛存栏量 1 078 头（占全县肉牛存栏量的 23.74%）；境内现有泽阳园、绿风园林 2 个特色示范园区，成为林果、苗圃、养殖、休闲观光等产业亮点。

（二）产业化经营现状分析

截至 2015 年年底，园区范围内认定国家级农业产业化重点龙头企业 1 家（今麦郎）、省级龙头企业 5 家（今麦郎、华统面业、旭日食品、金源色素、宏望食品）、市级龙头企业 13 家，拥有“华龙”“今麦郎”“嘉士利”中国驰名商标 3 件，“甲家面粉”“嘉士利”中国名牌产品 2 个，河北省著名商标 13 件，河北省名牌产品4个。通过积极引导，园区内农民专业合作社达到249家，入社成员达12 269户，带动上万户农户从事农业产业化经营。

（三）基础设施配套现状分析

1. 农田水利

园区现有耕地面积11.5万亩，利用现有机井抽取地下水及河流水，单井灌溉面积80~100亩，但是普遍存在工程总量不足，规模偏小，建设标准低，配套设施不完善，覆盖率低，设施老化及损坏严重等问题。园区位于浅层地下水一般超采区，按照隆尧县“十三五”期间水利发展规划，园区内不允许新建灌溉用水井，常规灌溉方式对水资源浪费严重，水资源利用效率亟待提高。

2. 道路交通

园区交通条件优越，邢衡高速公路、邢德公路（省级公路）、宁鸡公路（县级公路）从规划区南侧、西侧通过，对外交通东西接青银高速、邢汾高速，南北通向京港澳高速，可快速顺畅实现“东出西联、南承北接”；宁西线（大曹庄管理区至东方食品城）从园区中部穿过，327省道从园区北部穿过，对外交通便利。

3. 电力设施

园区供电设施主要为灌溉机井与东方食品城提供电力，灌溉机井现状为每眼机井配备60~80千瓦变压器，现状能满足灌溉电力需要，鉴于园区现状存在部分灌溉盲区，需要新建部分灌溉设施，同时配套建设相应的供电设施与供电线路；东方食品城现状利用莲子变电站（35千伏）进行供电，由于目前东方食品城的发展状况良好，用电量增长较快，现状变电站在远期将不能满足东方食品城的用电需求。

三、园区建设的有利条件及制约因素

（一）发展优势

1. 区位交通条件优越

东方现代农业园区位于隆尧县东南部，距县城20千米，距省会石家庄市100

千米，距北京市、天津市、太原市、济南市、郑州市均在350千米以内。南郝线（省级公路）从规划区北侧通过，宁西线（省级公路）南北向贯穿园区，邢德线从南侧贴身而过，京港澳高速、青银高速、京广高铁和京广铁路均在距区域半小时路程内，交通条件便利。

2. 政策扶持力度不断加大

近年来，河北省委、省政府按照“生产要素集聚、科技装备先进、管理体制科学、经营机制完善、带动效应明显”的总要求，从财政资金、金融信贷、用地政策等角度积极扶持现代农业园区的建设。现代农业是隆尧县重点发展的四大产业之一，县委、县政府以土地优惠、税费减免、财政扶持等政策吸引县外工商资本和人才来本县参与特色产业开发。作为重点打造的三大现代农业园区之一，隆尧县东方现代农业园区的建设得到了当地居民和地方政府的大力支持。

3. 食品加工产业带动能力强

东方食品城的发展可有效带动隆尧县周边农产品的销售，仅今麦郎一家，年可转化小麦180万吨，脱水蔬菜4 000吨，牛肉4 000吨，禽蛋4亿~5亿枚，蒜片、姜片、辣椒粉、黑胡椒等香辛料2 000吨。东方食品城发展成为园区现代农业发展的市场消纳平台和技术推广平台。

4. 强有力的科技支撑能力

园区与中国农业科学院、河北农业大学、河北省农林科学院、邢台市农业科学院等科研单位建立了长期技术合作关系，有较强的技术依托条件。同时，园区与隆尧县农业局签订了技术服务协议，保证了园区内农产品生产的标准化和质量安全。园区涉及乡村均建有农机服务部门，稳定型农业科技示范户已达到5 000余户，各类民间农业科研组织及协会达28个。

（二）限制因素

1. 产业融合机制不全，农产品加工企业带动能力未充分体现

园区内东方食品城的农产品加工企业数量多、规模大、涉及农产品种类广，拥有庞大农产品原料需求。但因缺乏有效的组织管理和利益联结机制，加工企业与种养产业和农民之间联系松散。以今麦郎企业为例，今麦郎本部年需小麦30万吨，隆尧县本地仅能提供10万吨；年需脱水蔬菜0.18万吨，全部

由外埠提供；年需牛肉 0.16 万吨，全部由外埠提供；年需轻型鸡蛋 160 万枚，隆尧县本地仅能提供 40 万枚。隆尧县作为“全国食品工业强县”对现代农业带动潜力并未得到充分挖掘。

2. 农业节水灌溉基础设施较为薄弱

近年来，隆尧县农业投入虽然逐年增加，但从总体上看现有投入仍不能满足现代农业发展需要。园区范围仍然存在农田水利设施条件差、管理技术不到位、灌溉水利用率低，管灌、滴灌、喷灌等节水灌溉技术还未得到广泛应用；农业生产有机肥投入不足，农作物产量、质量有待于进一步提高等问题。农业抗御自然灾害能力不强、干旱缺水日趋严重成为制约园区乃至整个隆尧县现代农业发展的最大瓶颈。

3. 农民组织化程度低

园区内农民从事种植业、养殖业，普遍是各自为战、个体经营为主，虽然区域内注册登记的农民专业合作社数量已达到目前的 249 家，但大多数合作社规模小、实力弱、竞争力不强、运作不规范、利益联结少，带领合作社成员闯市场、参与竞争、起到示范作用的很少，与集约化、产业化、专业化生产经营组织标准仍存在较大差距。

4. 农民素质有待提高

全县农村大量青壮年劳力外出打工，务农人员绝大多数老龄化、文化素质偏低，传统观念和农民习惯很难改变，缺乏创业能力和动力，不仅农业技术难以迅速推广和普及，而且“空心村”的问题在很大程度上影响了当地农业经济的发展。

四、功能、产业和战略定位分析

根据以上基础条件分析，隆尧东方现代农业园区发展的突出优势在于东方食品城食品加工业对现代农业产业市场的拉动作用，确定农产品加工业为园区主导发展产业；围绕农产品加工业，充分考虑园区优质小麦、高效畜禽、设施蔬菜等产业拥有的良好产业基础和发展潜力，同时兼顾园区生态环境整体打造和农业多功能性的拓展，带动园区高效种养业（二产）和观光休闲农业、物流和电子商务等（三产）发展。

因此，隆尧东方现代农业园区的发展应充分依托东方食品城的市场带动和技术扶持优势，走“工业引领、双向延伸、技术提升、组织创新”的路线，有效提升当地优质粮食、特色畜禽、设施蔬菜等生产管理水平，逐步形成园区优势特色产业体系，实现农业增效和农民增收。

第三章 指导思想、规划原则、发展定位和建设目标

一、指导思想

以2016年中央一号文件精神为指导，依托隆尧县良好农产品加工基础，以市场为主导，引领产业集聚，大力发展园区农产品加工业，通过农产品加工业带动园区高效种养业和观光休闲农业、物流和电子商务等产业发展，实现加工业引领园区一二三产业实质融合发展，延伸农业产业链条，辐射带动周围农业发展。通过多种形式并举优化园区农业产业结构，实现园区农业的提质增效和农民增收，走可持续发展的现代农业道路。

二、规划原则

（一）区域重点和统筹发展原则

在园区规划建设过程中，需要依托东方食品城为建设核心，重点发展东方食品城，形成特色鲜明、优势突出的农产品加工产业集群。同时，充分发挥食品城的产业优势，辐射带动和统筹规划城区周边相关农业产业发展，逐步发展和推进农业园区中优势种养产业、精品蔬菜和特色休闲农业产业发展，通过以点带面、统筹协调的发展方式推进园区的现代农业建设。

（二）产业优化升级和融合发展原则

优先发展园区内的区域特色、优势鲜明的传统产业，通过科技创新和技术改进来提升产业规模和行业影响力，实现产业优化升级。同时，通过整合各级资源，通过资产、技术、要素、利益融合，实现优势加工业带动一产和三产融合发展，促进农业产业链条的配套统筹和现代农业的和谐发展，遵循产业优化与统筹协调原则。

（三）坚持政府引导和市场导向原则

正确处理政府与市场的关系，坚持政府引导与市场导向运作相结合的原则，政府主导做好园区的基础设施配套、制定相关的政策和监督管理条例；充分发挥市场对资源配置的主导作用，不断优化生产要素配置，提高产业整体运行效率，扩大产业规模，培育和壮大一批优势企业，发展特色产业，促进产业规模集聚，提升产业化水平。

（四）可持续发展和生态建设原则

园区的规划要具有可持续性，立足现状，着眼长远，协调传统优势产业和新兴发展产业发展之间的平衡，注重规划的延续性和弹性，构建园区发展战略纵深。坚持环境友好，大力发展绿色、低碳和资源节约型农产品加工业；立足生态环境保护，发展循环经济，加强水资源和农业资源的开发和节能转变，建立绿色、生态、低耗、低排放和安全优质的生产加工模式。

（五）科技引领和理念创新原则

有效引进和整合科技资源，推动原始创新、集成创新，实现传统优势产业的技术升级，吸引科技含量高、附加值高的高新技术企业来园区；实现农业生产方式和结构的转变，发展循环经济和高效低耗的农业生态模式，引导园区朝着新型农业园区发展，走可持续发展的现代农业发展道路。

三、发展定位

秉承“加工业引领、一二三产业融合”的发展理念，立足园区实际，重点打造农产品加工产业，形成优势农产品加工产业集群，带动一、三产业同步发展，将园区最终建成全国农产品加工生产基地、省级乃至全国一流的现代农业示范园区。

四、建设目标

（一）总体目标

重点规划园区的农产品加工及物流产业，积极发展园区的现代种养和标准化蔬菜，因地制宜发展休闲观光农业，将园区打造成为全国知名的农产品加工及食品包材物流产业集聚带、高新技术研究和科技创新转化展示中心、现代农业科技产业孵化中心、城郊农业生态旅游与休闲带。到2020年，将园区打造为基础设施基本完善、产业结构合理、主导产业特色鲜明、科技支撑力强、生态环境良好、具有较强市场竞争力和特色的省级乃至国家级现代农业加工园区，走一二三产融合发展的现代农业产业化道路。

（二）具体目标

1. 产业发展目标

农产品加工方面，形成食品加工及配套包材物流产业高度集聚，隆尧县各类食品加工及配套企业主体达120余家，年产值亿元以上加工企业达到20~25家，新增4~7家省级以上重点龙头企业。农业产业化经营率达到95%以上。

农业种养方面，主要农作物小麦种植规模超过8.5万亩，产量达到4.25万吨以上；主要养殖畜禽品种良种覆盖率达98%以上，生猪出栏数提高30%，肉羊出栏数提高50%~60%、肉牛出栏数提高40%，个体单产平均提高7%~10%，基础母猪存栏数提高20%~30%，基础母羊存栏数提高50%，基础母牛存栏数提高

40%；建成标准化蔬菜种植区4 500亩，其中设施农业区种植区3 500亩，各类绿色无公害蔬菜年产10 000吨，露地蔬菜年产量达8 000吨。

休闲农业观光方面，休闲旅游产业发展良好，旅游人次达到2万人，休闲旅游年收入达到300万元。

2. 基础设施目标

园区农田水利设施基本齐备，水、电、路、讯、网、暖气、排污、雨水收集等基础设施基本完善。规划建成标准化蔬菜种植区4 500亩，小麦耕、播、收机械化作业水平达到90%以上。

3. 科技进步目标

建立各类食品加工技术研发中心3~5家，协助各类产品技术研发和产品质量安全检测。农业科技进步贡献率60%以上；农田机械化综合作业水平达到88%以上，小麦每亩生产成本降低10~15元；畜禽良种覆盖率达到98%以上，农畜产品质量合格率达到100%。“三品一标”农产品比例大幅提升，新增中国驰名商标1个，河北省著名商标2~3个；新增中国及河北省名牌产品3~4个。规模以上农产品加工企业100%建立农产品加工标准体系和质量控制体系，并通过ISO等体系认证。

4. 产业融合目标

基本实现一二三产融合，以二产农产品加工业带动一产和三产建设，其中主导产业农产品加工业经济效益达到95%以上。

5. 利益联结目标

培育一批具有市场竞争力的科技型农民合作化组织和产业化龙头企业，形成“农户+合作组织+龙头企业”发展模式，占主体发展模式的80%左右。

6. 综合效益目标

经济效益方面，园区农业总产值达到358.69亿元，年均增长10%以上，其中农产品加工及配套产业实现年生产总值达358亿元。核心区加工企业的利税增长幅度高于同类一般农业企业40%以上。园区农副产品加工率达到50%以上，园区主要经济指标高出同类地区30%~40%；人均产值高于同类地区平均水平30%；带动周边农民收入增长20%以上。

社会效益方面，园区农民人均收入增加幅度高于同类其他地区30%以上，园区所在地农民人均收入水平比建设前提高35%以上，周边地区农民人均收入水平比园区建设前提高20%以上。园区直接吸纳当地农民就业350人以上，间接吸纳农民就业达700人以上。每年能独立对周边地区农民培训达2 800人次以上，向周边地区推广先进实用技术2项以上，技术推广覆盖率高于80%。园区对周边乡村的信息服务覆盖面高于60%。

7. 质量安全目标

主要畜禽产品基本通过无公害农产品认证，其中40%通过绿色食品认证；蔬菜“三品一标”认定率达50%。优质专用小麦比例达到85%以上。

8. 生态环保目标

园区小麦化肥利用率提高5%以上，农药使用量减少20%以上，自然和生物灾害损失率降低10%以上，收获储运损失减少5%以上。病虫害防控预报准确率在现有基础上提高3%～7%。小麦主要病虫草鼠等危害损失率降低到8%以下，农药的合格率达到85%以上。灌区标准粮田土壤有机质含量在现有基础上提高0.3%，水资源利用率提高10%。

第四章　园区布局和建设内容

一、产业发展方向与重点

园区重点发展农产品加工及物流配送产业，形成农产品加工产业集聚区；因地制宜地发展优势农产品种养业和休闲观光农业；为加工产业提供规模化、统一化、良种化、专用化的优质农产品原料，建设优质产品原料供给基地，优化园区生态环境。通过二产带动一三产融合发展，优化园区农业产业结构，实现农业增效和农民增收，走可持续发展的现代农业道路，将园区打造成全国知名农产品加工产业集聚区、现代农业科技交流中心、生态旅游休闲带和现代农业科普教育基地。

二、空间布局和功能定位

（一）空间布局

按照园区的发展重点将园区整体划分为核心规划区和辐射带动区（图 4-1）。

1. 核心规划区

核心规划区主要以“一城”的东方食品城为主，重点发展主导方便食品产业及其相关配套产业（包材产业、物流产业），多元推进饮料、营养功能食品、新兴食品和生物基原料等潜力产业，提升加工技术科技含量和品牌影响力，促进产业规模化和高度集聚。形成具有较强市场竞争力的特色经济和区域产业链，走

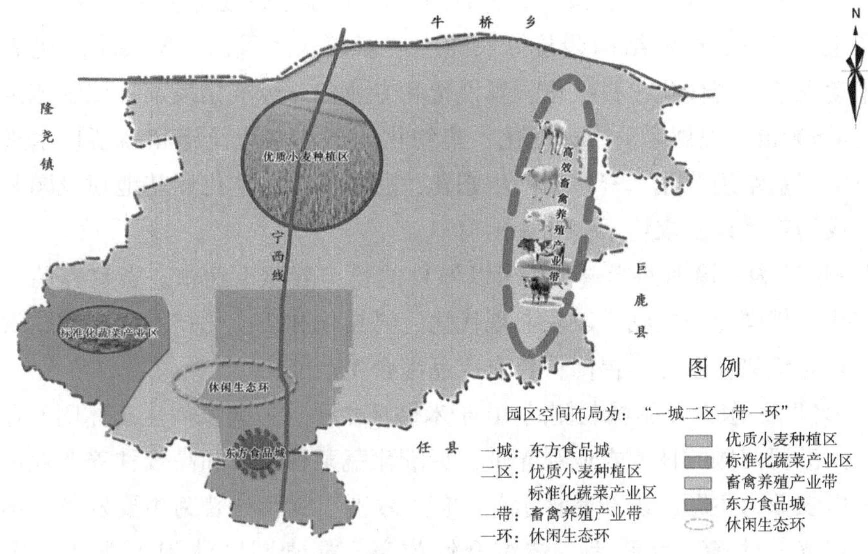

图 4-1　园区农业产业空间布局图

新都市现代农产品加工产业发展道路。

东方食品城用地规划约为 20.72 千米^2，根据东方食品城现状土地开发基础，充分考虑产业规划与城建规划对接，城区域布局如表 4-1 所示。

表 4-1　东方食品城区主体功能区布局规划

功能分区	城区规划位置	规划面积（平方千米）	总规划面积比例（%）
居住功能区	西部	3.68	17.8
生态功能区	滏阳河古道两侧东部	0.64	3.1
综合服务功能区	东部	0.46	2.2
产业功能区	南部和北部	15.94	76.9

2. 辐射带动区

辐射带动区主要包括“二区一带一环”。依托东方食品城良好的资源、产业和科技优势，辐射带动周边农户发展现代农业。

“二区”指宁西线两侧的优质小麦产业区和滨河路西段两侧发展标准化蔬菜

产业区。小麦产业区规划面积为8.5万亩，以标准、高效为主题，以品种优化、标准化生产、农业产业结构调整等农业生产新模式为重点，发展小麦优势种植业，推动农业的现代化、科技化、规模化和专业化。标准化蔬菜种植示范区规划面积为4 500亩。规划区采用标准化、集约化的现代农业设施和高新技术进行生产，以生产栽培规范化、资源循环生态化、质量安全一体化和基地建设园艺化为核心，成为现代设施农业示范和展示窗口。

“一带”为小漳河两岸（500米以外）的畜禽养殖产业带。畜禽养殖产业区以标准化、规模化为主题，以农业现代化、科技化和集成化技术为支撑，发展肉羊、生猪等优势养殖业，提高特色农产品综合生产能力。

“一环”是东方食品城北侧的10千米循环水系，主要发展生态休闲农业；依托园区内沿河两侧的休闲农业观光带、标准化蔬菜种植区和高效种养产业区，大力发展以农业为主题，以新品种示范、创意农业、加工科普为主要发展方向，集休闲、观光、体验、度假为一体综合性旅游，探索园区休闲农业开发建设新模式。

辐射带动区因地制宜发展高效种养、标准化蔬菜种植和休闲观光农业，为核心区加工产业基地提供规模化、统一化、良种化、专用化的优质农产品原料，调整园区农业产业结构，推动园区可持续现代农业的整体协调和可持续发展。

（二）功能定位

依托隆尧县的独特资源优势和经济条件，坚持园区的总体发展思想和战略定位，通过实施现代农业的生产经营管理模式，最终将园区建设成为融产业化、集约化、科技化、标准化、规模化、生态化于一体，集农业产业集聚、农产品加工与示范、品牌带动、科技创新和孵化示范、休闲观光及生态环境保护、科普教育和培训等功能于一体的现代农业园区，通过发挥示范、创新和技术辐射功能，实现园区增效、农民增收和农业增值的目标。

1. 优势产业集聚和辐射带动功能

依托园区原有良好的资源和产业优势、区位条件、经济基础、相关政策和环境，实现食品产业及其相关配套产业所需的资源集聚、优化和组合，并为农业高新技术产业奠定资源基础。根据优势农产品区域布局，形成优势农产品标准化生产示范集聚区。同时，通过食品产业带动农业高新技术的示范和推广，成为辐射带动周边现代农业发展重要基地的示范窗口，促进园区经济效益提高、带动周边经济发展，实现本地农民增收。

2. 优质农产品加工与示范功能

通过园区产业集聚功效，吸引具有品牌和规模优势的农产品加工企业入驻，引进一系列先进的加工技术和装备，生产出一批具有市场竞争优势的优质农产品和食品。同时，促进科技成果的推广与使用，促进农业现代化建设，提高农民收入。此外，所应用的新技术、新成果和新运行机制和管理体制可以成为其他各地关注和参考的样板，具有良好的展示和示范效果。

3. 龙头企业带动和品牌推动功能

利用园区内国家及省级农业产业化龙头企业（国家级1家，省级5家）知名度高的优势，充分发挥龙头企业的带动作用，推进农业产业化和龙头企业品牌建设。将品牌的培育、建设和经营放在首位，利用品牌效应加大联名引名力度，充分发挥品牌在产业发展中的聚合吸纳效能，推动园区的食品产业发展，提升食品产业规模和档次。

4. 科技创新提升和中小企业孵化功能

着力提升园区的科技含量，开发和引进科技含量高的高新产业技术，培育和招引农业高新技术企业；将资金、信息、技术、人才和政策环境进行集成，培养高新技术产品和高新技术企业，将高新技术成果孵化为适合市场需求的、成熟度高的商品。完善园区招商项目和相关政策，加快和加强中小企业培育和招引，通过园区的孕育、孵化、培养作用，构建园区长期发展战略，实现园区的可持续发展。

5. 休闲观光和生态保护功能

沿东方食品城10千米循环水系规划休闲农业观光产业区，同时结合园区现代化、标准化的种养生产示范和休闲旅游设施的生态化整体设计和合理布局，形成集农业、生态、人文为一体的休闲旅游观光区；充分利用生态农业、循环农业技术，减少农业生产过程中对环境的破坏，保护园区生态环境。同时，招引科技含量高、附加值高、低耗能和绿色生产环境友好型企业入驻园区，推广生态循环型工业模式，引导园区走绿色、低碳、高效的加工发展道路。

6. 农业培训和科普教育功能

园区同时承担有现代农业科学培训和科普教育的任务及功能，利用园区开展各类技术培训，培养科技人员和技术人员；推广现代农业种养殖技术、优良品种、先进农业设施和先进理念，对农民开展现代农业知识和技术培训，培养农业科技人才和现代农民，提高农民的生产基本技能，使园区成为区域性的农业科技创新基地；对城市居民特别是青少年进行现代农业科普教育和农耕体验，让城市居民特别是青少年了解农业、增长知识、体验农耕和收获的快乐。

三、建设内容

（一）基础设施建设

园区基础设施建设的建设内容主要包括道路、水利、供电和生态绿化 4 个建设工程，对园区内的村镇、农田、加工产业基地、道路、水渠、河网桥闸、电力排灌等基础设施进行统一规划、合理布局，建成配套设施完善的现代农业园区。

1. 道路建设

根据园区道路现状、地形特色及现代农业园区发展要求，确保晴雨通车、满足现代化农业机械作业，本次规划将园区交通网络整体分成两个等级，一是贯穿于整个园区的主干道；二是沿主干道延伸的生产便道。主干道构成园区整体路网结构，规划后整体形成“两横三纵”的路网格局，具体建设位置见表 4-2所示。

表 4-2　规划后园区路网构成　　单位：米

道路名称		设计宽度	设计长度	现状	规划	公路等级
主干道	宁西线	18	7 200	7 200		二级
	滨河路西延工程	18	6 618		6 618	二级
	滏阳河东堤	8	10 500		10 500	三级
	WT89	8	1 674		1 674	三级
	WL14	8	1 470		1 470	三级
生产便道		4~6	62 100	32 000	30 100	

2. 水利建设

包括灌溉设施基本建设和排水设施建设两个方面。灌溉设施建设内容主要包括对现有灌溉设施的修缮整治。在园区内现有水利设施基础上，大力发展农业节水灌溉技术，加快推进大中型灌区续建配套与节水改造，“成方连片”推进农业高效节水灌溉规模化发展；加强田间节水灌溉工程和末级渠系配套建设，大力发展管道输水、喷微滴灌、水肥一体化等先进高效节水灌溉技术，全面提高节水基础设施建设和节水农业发展水平。到 2020 年园区节水灌溉面积比例达到 90%以上，农田灌溉有效利用系数达到 0.74，建成完善的高效节水农业可持续发展支撑体系。排水设施建设主要包括对现有河道以及水利设施进行整修与新建，建成高标准的防灾减灾体系，做到发生放在标准内洪水时河道不漫溢；遇超标准洪水时，将灾害损失减小到最低程度。

3. 供电建设

依据园区现状供电设施、避免资金重复投入的原则，合理规划建设园区的供电设施。针对园区内农业项目用电需求量，对现有供电设施与供电线路进行更新改造，参照更新机井规格，配套建设供电设施，合理规划供电线路，满足集中控制、管理园区供电系统的需要，建立现代化的高标准示范园区。同时，新建莲东（华龙）110 千伏变电站，主变 2 台，容量 100 兆伏安，终期 3 台，容量 150 兆伏安，满足园区用电需求。

4. 生态绿化建设

园区景观系统理念以田园化的休闲为主体，营造大尺度的绿色开敞空间。沿园区周边种植景观树种，以常绿树种、彩色树种和乡土树种为基调构建环园林带，体现园区生态性建设原则；园区次干道、游步路两侧设计适宜宽度的绿化景观带，种植具有当地特色的树木及特色花卉。同时，在各产业区之间构建园区农田林、灌、草立体绿化体系，科学合理地调整林带品种结构、农田林网林带间距，带宽要根据项目建设需要设定，树种以经济林果、常绿树种、木本花卉为主，林带走向结合道路和河道进行绿化栽植，打造“三季有花，四季常绿，环境优美”的现代农业园区。

（二）产业化经营

1. 市场主体建设

核心区东方食品城产业遵循“一个主导，多元发展”的发展原则，以方便面业为主导产业，多元发展饮料、营养功能食品、新兴食品和生物基原料等食品产业和包材、物流等配套产业。对于主导产业和重点发展产业，一方面重点发展园区已有龙头企业，从政策、重点项目、服务上给予倾斜，同时扩大招商引资力度，大力引进相关产业龙头企业，打造优势主导产业集群，促进产业化、规模化、集聚化发展，推动企业上规模、上水平、创品牌，提高市场竞争力。

针对辐射带动区的现代种养业、设施蔬菜业，引进专业合作社、种养大户等新型经营主体，通过规范的企业化运营、与农民签订供销合同和为农民提供技术、种苗及其他生产资料等方式，建立稳定产业化经营组织；通过生产技术培训、农业人才培养计划等培育一批具有现代农业意识的新型农民和现代农业科技人才，培育新型农业经营主体，实现企业转型升级。实现园区农民参加新型经营主体达到85%以上。

2. 品牌战略建设

园区已拥有国家及省级驰名商标，如“今麦郎”“华龙”等需进行维护和宣传，利用其在国内同行业的排名和全国市场占有率推进品牌建设工程；鼓励支持这些重点龙头企业进一步扩大品牌影响力，朝国际品牌道路迈进。积极挖掘有发展潜力省级及市级中小品牌，给予政策支持和优惠，多渠道、多层次提高企业社会认知度，扩大品牌影响力，使其提升至市级、省级乃至国家级品牌及商标。积极解读和熟悉中国及河北省商标评审文件和相关程序，为企业著名商标和知名品牌申报提供多层次、多方位技术指导服务；制定相关奖励机制，给予新增国家驰名商标、省市著名商标企业奖励；吸引具有品牌优势、科技含量高的食品及相关配套产业落户园区。

3. 招商引资建设

坚持“政府引导、市场运作、企业为主”的招商原则，抓住“三镇融合”和滏阳经济开发区的建立这一历史机遇，建立完善的招商制度。采用多渠道招商方式提高招商引资的针对性和实效性，建立以重点建设项目形式引进企业的创新机制，完善项目的跟踪服务机制和激励机制，创建良好的招商环境和服务。园区目前需重点推进厚朴中央厨房、庚浩物流、邢台卡丁兔、河北金码、河北万容、隆尧保德利、隆尧志祥等项目的落实、跟进，保障项目的顺利实施和建设进度。

4. 土地利用建设

结合园区具体项目的建设情况，探索多形式的、适合园区发展的新土地流转方式。园区核心的东方食品城具有加工企业多、产业规模大等特点，主要采用土地一体流转形式，县政府和园区管委会从自愿流转农户手中按照统一价格进行土地接收、整合，土地统一后再由企业出面接管，改变传统的“项目等土地”形式，大幅提升项目建设进度。对于园区农业种植项目的土地建设，可采用租赁制+区划调整、股份制+合作社和返租倒包制等一种或多种模式。但需注意的是，不管采用哪种形式，均必须依法尊重农民自愿和有偿的基础，切实维护农民合法权益，体现土地使用权价值，避免土地低价租赁和转包。

5. 产业融合建设

东方食品城重点发展园区主导产业农产品加工业，培育特色鲜明、优势突出、规模化发展的食品支撑产业，大力发展加工包材及物流等配套产业，提高农产品附加值。依托二产的产业优势，发展一产和三产，根据园区基础农业特色发展标准化、规模小麦种植、畜禽养殖（肉、蛋）和设施蔬菜，为东方食品城农产品加工企业提供优质、安全的农产品原料，打造农产品原料基地；并适度发展休闲农业，保护和提升园区生态环境，增加经济效益。最终真正实现园区一二三产业实质融合发展，延伸农业产业链条，优化农业产业结构，走可持续发展的现代农业道路。

6. 利益联结建设

在兼顾政府及园区、企业、农民和各界投资商等多方利益前提下健全完善园区和农民利益联结机制，科学灵活采用多种利益联结方式。具体经营模式包括股份经营制、企业+基地+农户的经营模式和租赁经营制等。以今麦郎公司为例，在东方食品城范围内的村镇实行土地集中连片开发的“股田制”，统一技术、种植和收购，拉紧“企业+农户”产业链条，增加土地单产和农民收入。同时，集约化耕种将60%以上青壮劳动力从耕地上解放出来，进入园区加工企业成为产业工人，增加经济收益。

7. 生态环境建设

遵循循环经济和生态环保的规划理念进行园区生态环境建设。在东方食品城招商引资中，优先引进低能环保的高新技术企业，鼓励发展绿色清洁生产的加工企业。农业种养产业上，推行集约化、规模化、绿色化种养模式，提高资源利用率，采用病虫害绿色防控、水肥一体化、秸秆还田、有机肥循环利用等技术和农业设施实现清洁、生态种养建设。通过建设美丽乡村、打造循环水系、休闲观光体验园等，美化园区环境、营造良好休闲旅游氛围，有利于广大农民群众身体健康，有力促进农业和农村经济可持续发展。

（三）科技提升建设

园区将继续与河北农业大学、中国农业科学院等多家高等院校和科研院所保持密切合作关系，利用其农业科技优势来提升园区现代农业发展水平。与中国食品工业协会、北京食品学会等多家学会机构和全国农产品加工知名企业定期开展交流，通过研讨会和研修班等多种形式，进行农产品加工技术发展创新和企业经营管理经验交流；联合农产品加工企业和机械装备制造企业的科研力量，建立农产品加工业科技创新与成果转化机制。重点建设园区现有研发中心，如今麦郎面品有限公司中央研究所和龙头企业的研发平台，进行新产品研发、食品营养与安全监测和检测等相关工作，积极搭建平台，组织开展对接活动，实现各类研发机构、技术服务机构与企业之间，领军企业与中小企业之间，以及企业与农民合作社之间“零距离”对接，提高行业整体技术水平。增强园区科研创新和成果转化能力，大力发展“互联网+”等信息工程项目，提升园区现代农业科技含量。

（四）服务体系建设

成立由县政府主要领导牵头、各部门参加的隆尧县现代农业园区管理委员会，各园区内设置管理机构。管委会的职责是切实担当起各园区领导责任，制定园区发展战略规划，协调园区与政府管理部门之间的关系，开展管委会各部门的综合评价和考核工作。园区管理机构具体包括综合股、土地股、技术服务股和招商股等 4 个股室，其中综合股负责管委会交办的各项具体工作；土地股负责园区土地流转、建设用地等相关工作；技术股负责整个项目区的产业化项目、农业高新技术应用的咨询和新品种、农艺技术的引进指导；招商股负责园区项目招商引资、激励制度和政策的具体实施。涉农资金由县政府和管委会一体整合，年初和年中根据规划及需求制定建设方案，统筹安排涉农资金使用。原则上资金向农业园区倾斜，集中支持园区龙头企业，同时受助企业需按扶持资金 0.5～1 的配比扩大投资。

同时，提供完善的社会化服务体系，协调各类协会、中介组织和社会机构为园区新型经营组织和农民创业创新提供综合性服务和专业类服务，加强信息预报和园区的宣传推介。

第五章　重点建设项目

园区建设内容主要以具体产业建设项目的形式开展，通过建设项目实施完成园区重点、主导产业化经营主体建设，同步带动园区的基础设施建设、科技提升建设和服务体系建设等。园区重点建设项目具体包括东方食品城建设项目（农产品加工及物流产业）、小麦种植建设项目、畜禽养殖建设项目、标准化蔬菜建设项目和美丽乡村与休闲农业建设项目。

一、东方食品城建设项目

（一）建设思路

遵循“开放带动、龙头引领、品牌竞争、创新制胜”的基本宗旨，通过强化招商引资、扶持龙头企业、实施品牌战略、增强技术创新能力、优化空间布局、改善投资环境、健全食品安全质量体系等途径，形成结构优化、品牌集聚、布局合理、特色明显、优势突出的现代食品产业基地。立足食品城良好资源和产业基础优势，重点发展传统优势方便食品产业及其相关配套产业（包材产业、物流产业），延伸产业链条，扩大产业规模和品牌影响力，提升加工技术科技含量，促进产业发展壮大和建设相关产业基地；积极发展新兴食品、生物医药等新型产业，突出产业科技含量，走新型产业发展道路；逐步建设和扶持中小企业，培育孵化新的优势产业。围绕产业链条进行招商，加快产业集群建成，推动产业沿着规模化、集约化、品牌化模式发展，最终发展成为具有较强市场竞争力和快速经济增长等特点的现代都市工业园区。

（二）建设目标

1. 2020 年近期目标

到 2020 年，基本建成布局合理、产业聚集、高度辐射、结构合理、效益明显的农产品加工产业集聚区。

（1）产业集聚效应显著。到 2020 年，基本形成以方便食品和新兴食品产业为主的农产品加工产业集群、食品包材和物流为主食品配套产业集群、生物科技产业集群。城区经济效益达 358 亿元，年均增长 15%左右。

（2）农产品加工企业规模和效益显著扩大。到 2020 年，农产品加工企业主体达 120 余家，年产值亿元和 5 000万元以上加工企业达到 20～25 家和 30～35 家。新增 4～7 家省级以上龙头企业，20～25 家市级以上龙头企业。

（3）科技创新和孵化能力不断完善。到 2020 年，东方食品城的科技创新研究中心已初具规模，建立各类农产品加工技术研发中心 3～5 家，协助各类产品的技术研发、加工品质和产品的质量安全检测。

（4）农产品加工水平和产品质量进一步提升。到 2020 年，农业产业化经营率达到 95%。规模以上农产品加工企业 100%建立农产品加工标准体系和质量控制体系并通过 ISO 等体系认证。

（5）产品类型和品牌效益大幅提升。到 2020 年，建立方便面类、畜禽蛋类、辣椒类、脱水蔬菜类和休闲食品类五大系列优势农产品，新增中国驰名商标 1 个，河北省著名商标 2～3 个；新增中国及省名牌产品 3～4 个。

（6）带动就业增收效果显著增强。到 2020 年，龙头企业带动能力进一步提升，通过农业产业链条上下游建立紧密连接纽带，有力促进农民就业增收。

2. 2025 年远期目标

在完成 2020 年近期目标的基础上，东方食品城区形成农产品加工产业和包材物流产业集群的高度集聚，城区经济效益突破 550 亿元，企业规模和效益增幅达到 30%以上，科技创新能力大幅提升，带动农产品加工产业提质增效和农民就业增收效果显著，成为全国农产品加工基地和国家级现代农业示范园区。

（三）重点建设项目

1. 基础设施和公共服务建设项目

（1）城区基础设施建设项目。

建设布局：按照《河北邢台滏阳经济开发区总体规划》和《隆尧县“东方食品城”产业发展规划》开展东方食品城土地利用、道路、水电气网、供热、管线等项目的具体建设布局。

建设内容：政府主导、企业辅助共同完成，按照城区规划逐步建设完成。具体建设内容包括城区“十通一平”建设、防灾工程规划和环境卫生工程规划。

（2）生态环境保护设施建设项目。

建设布局：园区建设污水处理厂和垃圾填埋场各1座。

建设内容：开展城区污水处理和垃圾处理规划项目，实现垃圾和污水收集和回收处理，垃圾无害处理率和污水处理率达到85%以上。

（3）公共服务设施建设项目。

建设内容：推进商务会展中心、食品信息中心、食品安全检测、质控中心、人才培训中心、商贸娱乐、科教文卫等公共服务设施，谋划社会保障服务中心、图书馆、体育馆、食品展览馆等一批大型公共设施工程，满足园区上班职工生活所需，有效保障园区内工作人员的日常生活所需。

（4）城市开发建设项目。

建设布局：城区北区空地。

建设内容：进行居民用地建设项目，主要涉及职工家属楼等建设，包括职工家属楼、食堂、超市便利店、菜市场等公共配套设施建设。

2. 产业开发建设项目

（1）今麦郎方便食品产业建设项目。

建设布局：城区南部产业功能区的中部，今麦郎大街、邢德公路、裕华路、迎宾大街、规划经六路、滨河路合围区域。

建设内容：依托今麦郎集团自身良好的品牌、技术和市场优势，加强科技创新与新产品研发，进行方便面配套产业和饮品产业建设和发展。立足原有良好的方便面产业基础，推进新型方便食品开发项目，如开发高档化、特色化新型方便面产品，研发方便米粉、方便米饭、挂面等其他类型方便食品等。开展方便食品配套产业项目，如开发脱水蔬菜、调味料、汤料、卤蛋等产品，完善方便面全产业链条，整体提升行业竞争力和利润空间。重点打造饮品行业项目，遵循“市场化、多元化、品牌化、品质化、可持续化”的发展原则，开发运动型、功能型等新型饮品，逐步推进高端果蔬汁饮料、谷物饮料、茶饮料发展，形成多元化、特色化、潮流化的饮料类型新局面。此外，逐步发展谷物、豆类休闲食品项目，丰富企业产品类型，符合现代休闲食品趋势。

（2）宏望方便食品产业建设项目。

建设布局：位于北片产业功能区的中部，规划经二路、规划纬四路、规划经五路、规划纬一路、规划裕华路合围区域。

建设内容：主要依托河北宏望食品有限公司开展系列食品产业项目建设。重点推进建设一批非油炸方便面扩能升级改造项目和健康型方便面技术创新成果产业化项目，丰富方便产品类型，提升产品档次；进行调味料、脱水蔬菜、肉干制品、色素和包装材料等与方便面生产扩张升级需要相适应的配套产业项目，扩大产业规模。同时，积极发展宏望集团的果汁、饮料等食品产业链延伸拓展项目，开展宏望集团农副产品资源深加工招商引资合作项目，扩大企业产业规模，丰富公司产品类型，提升企业经济效益。

（3）中小食品企业创业园建设项目。

建设布局：位于南部产业功能区的东部，经六路、迎宾大街、裕华路、商贸城东路、经五路、邢德公路合围的区域。

建设内容：主要采取“政府建设、企业租赁、市场运作、合作共赢”模式，实行统一规划、统一建设、统一管理，逐步建设和扶持中小企业，培育孵化新的、有发展潜力的优势产业。建设内容主要包括特色农产品精深加工项目、农副产品综合利用项目、食品包材等配套产业建设项目等。应用和推广新技术、新工艺、新设备，实现传统农产品加工产业化发展，符合现代农产品加工产业发展趋势。

（4）高端营养品企业投资园建设项目。

建设布局：位于北片产业功能区的西部，规划经一路、莲白路、裕华路、规划纬一路合围的区域。

建设内容：发展保健食品、速冻食品、畜禽肉类食品等产业建设项目，朝着安全化、标准化、品质化、规模化和市场化方向发展。重点建设国内外知名维生素类、有机酸类、中药类和其他功能营养类食品企业转移合作项目，省内外营养保健品企业异地搬迁改造项目，国内外营养保健品创新成果产业化项目，具有自主知识产权的营养保健品制造技术产业化项目。

（5）生物基制品产业建设项目。

建设布局：位于城区北部产业功能区的东部，规划经五路、规划纬三路、规划经九路、规划纬一路合围的区域。

建设内容：以提升农产品加工产业发展水平和档次为目标，以科技创新和体制创新为动力，依托东方食品城基础设施和当地资源优势，打造一个集科学研究、研发生产于一体的北方重要的生物技术与农副产品加工基地和化工中间体制造基地。一是大力开展食品添加剂类产品及功能因子相关建设项目，二是逐步发展淀粉基原料加工建设项目。采用发酵工程技术、酶工程技术、蛋白质工程技术、基因工程技术等高新技术将农产品下脚料或其他原料进行处理，开发食品调味料、食品添加剂类产品；或者富集和分离其中有效的生物活性成分，作为保健食品辅料。采用新技术发展淀粉基原料加工产业，制备生物可降解材料及包材，绿色环保、无污染，延长产业链条，提高产品附加值。

（6）物流配送产业建设项目。

建设布局：位于城区南部产业功能区，今麦郎方便食品产业园和中小食品企业创业园之间，裕华路、邢德公路、规划经五路、商贸城东路合围的区域。

建设内容：依托东方食品城内今麦郎集团物流公司和河北庚浩物流有限公司，开展隆尧县农产品加工制品的集现代物流、仓储、货运、商务、信息于一体的综合性物流配送建设。建设内容为仓储、信息楼、零担货运楼及其他配套设施。建设标准化食品仓库群，区域性食品配送服务设施、标准化批发零售企业经营设施，食品流通信息服务设施，食品检测服务设施，食品数码分拣、智能包装和加工设施，食品装卸和运输设施。建设集现代物流、仓储、货运、商务、信息于一体的综合性物流产业，实现园区产品向全国 31 个省会城市和 165 个地级市的配送。

3. 食品产业技术保障建设项目

（1）科技创新技术提升平台建设项目。

建设内容：依托园区今麦郎面品有限公司中央研究所、龙头企业研发平台进行东方食品城科技提升项目建设，开发具有自主知识产权的科技成果。具体涉及内容包括新产品研发、产品质量安全保障和检测、加工设备提升、技术规程等制定和标准生产和管理体系建立等。培育食品专业技术人才，定期邀请专家开展食品行业技术培训，学习最新的食品加工和检测技术，了解食品行业前沿的发展动态。

充分利用与城区产业发展相关的科技资源，通过智力联合等途径引进先进的加工技术和装备，提升企业的核心竞争力和相关产业的科技水平含量。引进高新技术和环保型企业，优先支持和培育环境友好型企业，鼓励现有企业进行升级改造，朝环保节能、生态保护方向发展。孕育培养有发展潜力的中小企业，构建园区发展的战略纵深，积蓄发展潜力。

（2）互联网+平台建设项目。

建设内容：积极将城区融入“互联网+”，拓展入驻企业及相关产业的发展空间。组织企业的负责人和销售人员学习电子商务知识，树立互联网思维。在政策上，鼓励企业引进网络营销人才，引导企业利用阿里巴巴、淘宝、天猫、京东等电子商务平台，通过自建网店和代理销售等方式，促进食品加工企业与互联网深度融合。

二、小麦种植建设项目

（一）建设思路

坚持以农业增效、农民增收为目标，在调减普通小麦、稳步增加优质加工专用小麦播种面积基础上，加快小麦高产技术集成与推广，提高单产，优化品种结构，改善小麦品质；进一步加强麦田基础设施投入，提升小麦产业现代化发展整体水平和市场竞争力。

（二）建设目标

1. 2020 年近期目标

在宁西线两侧集中发展 8.5 万亩强筋小麦种植基地，通过技术集成实现平均亩产 500 千克以上，总产达到 4.25 万吨以上，实现小麦种植基地与农产品加工产业无缝对接。

2. 2025 年远期目标

小麦面积稳定在 8.5 万亩以上，小麦机械化水平达到 88%以上，小麦品质与产业效益有较大幅度提升，成为河北省优质专用小麦高产示范区。

（三）重点建设项目

1. 冬小麦节水稳产配套技术推广示范基地建设项目

建设规模：面积达到 8.5 万亩。

建设布局：莲子镇镇、牛桥乡、魏庄镇。

建设内容：小麦主产区建成良种供应、集成节水灌溉、秸秆还田、土壤深松、播后整压等配套技术，农业机械配套，服务体系健全，规模化、集中连片的现代化小麦高产稳产技术推广示范基地。

2. 小麦高标准农田建设项目

建设规模：8.5 万亩。

建设布局：莲子镇镇、牛桥乡、魏庄镇。

建设内容：通过田间改造工程、高效节水示范工程、配套节水灌溉设施，集中展示和示范推广小麦节水灌溉技术，建设旱涝保收、高产稳产、节水高效的高标准农田。加强土地整治与基本农田治理，农田基本道路建设，农田地块水土质量检测与土壤配方施肥相应配套设施与设备等。通过增施农家肥、秸秆还田等土壤培肥措施和进行土地整治与平整，培肥地力使之达到高产田标准。

（四）主推技术

在做好常规小麦种植技术推广的同时，重点推广节水抗旱品种、保护性耕作、病虫害统防统治、节水灌溉等综合技术，建立小麦集约化种植新模式，规范小麦生产技术规程。

三、畜禽养殖建设项目

（一）建设思路

加大园区科技与资金投入力度，集成良种繁育、精准饲喂、信息管理、产品追溯等产业环节的先进技术，加快园区各养殖业专业化、标准化、规模化、产业化发展速度，提高园区养殖业的现代化水平和示范带动能力；加快推进畜禽产品品牌战略，拉动养殖业、饲料生产与加工、动物种业等相关产业的快速发展；鼓励经营企业加大力度进行人才和技术引进，并与中国农业科学院等科研院校建立密切合作关系，通过提高企业科技创新能力来提升产业核心竞争力。

（二）建设目标

1. 2020 年近期目标

主要养殖畜禽品种的良种覆盖率达 98%以上。在现有基础上，生猪出栏数提高 30%，肉羊出栏数提高 50%~60%、肉牛出栏数提高 40%，个体单产平均提高 7%~10%，基础母猪存栏数提高 20%~30%，基础母羊存栏数提高 50%，基础母牛存栏数提高 40%。在生猪生产稳步增长的前提下，肉牛、肉羊等节粮畜牧业得到快速发展，实现蛋鸡规模化养殖重大突破，新建年存栏 20 万只规模化蛋鸡养殖场 1~2 个。以饲料生产为目的饲草料种植及标准化、规模化养殖成为新的主导产业模式。主要畜禽产品基本通过无公害农产品认证；园区人均收入高于当地平均水平 30%以上，到 2020 年园区养殖产业总值比 2015 年提高 20%~30%。

2. 2025 年远期目标

基本建成肉羊良种繁育体系，良种培育与制种水平处于邢台地区前列，除满足隆尧县肉羊养殖良种需求外，还为邢台地区提供优良种源；肉牛、肉羊等节粮畜牧业得到快速发展，基础母牛、母羊存栏数比 2020 年提高 30%~50%，机械化、信息化、智能化水平进一步提高，基本实现畜牧业现代化；畜禽产品精深加工程度进一步提高，品牌效应基本建立；示范区单位畜禽平均生产效率再提高5%~7%；农民收入水平进一步提高。

（三）重点建设项目

1. 种羊场建设项目

建设规模：种羊单品种基础母羊饲养量达到800~1 000头规模。

项目布局：魏庄镇肖庄村、莲子镇镇任村。

建设内容：针对小尾寒羊、杜泊羊等肉羊品种进行良种场改扩建，加强湖羊和乌骨羊优良品种的推广普及工作，对饲养舍进行标准化改扩建。完善档案室、数据处理室、网络平台等建设，并购置相应的电脑设备，全面开展生产性能测定，提高育种值遗传评估能力和水平；进行专门化饲草料基地建设；进行青贮饲料收贮机械及青贮池建设；进行沼气等粪污无害化处理设施建设。

2. 养殖场建设项目

（1）基础母羊规模化扩繁及肥育场建设项目。

建设规模：对5~10个养殖规模在200只以上的养殖大户进行改扩建。

项目布局：魏庄镇肖庄村、莲子镇镇任村、牛家桥乡北杨楼村、莲子镇镇白家寨村等肉羊养殖重点村。

建设内容：针对具有一定养殖规模的养殖场进行养殖能力提升建设。对现有羊场进行圈舍的改扩建，配套建设青贮窖、饲料储存间、沼气池等设施，购置适当类型的牧草收割机（中小型）、粉碎机、饲料运输车和TMR等设备，并进行相关水电、道路等基础设施建设。通过土地流转承包进行规模化的饲草料地建设。

（2）基础母猪规模化扩繁及肥育场建设项目。

建设规模：对5~10个年出栏300~500头规模的母猪场及肥育场进行改扩建。

项目布局：莲子镇镇北闫庄村、白家寨村。

建设内容：对养殖圈舍（母猪舍、仔猪舍、肥育舍等）进行标准化改造，购置配套的生产设施设备，进行夏季防暑降温及冬季防寒配套设施建设，提高其规模化、标准化养殖技术水平和养殖容量，配套进行饲料间、消毒设施、粪污处理设施改造和沼气工程，并进行道路硬化及水电等基础设施等配套设施建设。

（3）肉牛肥育场建设项目。

建设规模：对2~3个存栏60头以上的规模化肉牛繁育及肥育场进行改扩建，使其年出栏数达500头以上。

项目布局：莲子镇镇任村、崔家楼村。

建设内容：进行牛舍标准化改扩建，配套建设相应的青贮池、饲料饲草库储存间等，并根据饲养容量配套建设相应的粪污处理设施，进行道路硬化及水电等基础设施改造。购置并完善与养殖规模相适应的牧草收割机、粉碎机、饲料运输车、TMR等设备。通过土地流转承包方式建设自有的饲草饲料用地。

（4）优质蛋鸡生产基地建设项目。

建设规模：对1~2个年存栏10万只规模化蛋鸡养殖场进行改扩建，使其存栏量达到20万只，占地约30亩。

项目布局：莲子镇镇

建设内容：对蛋鸡养殖场实施标准化改扩建，重点推广"湿帘降温、风炉供暖、纵向通风、乳头饮水、自动给料、机械清粪"6项关键技术。按照"设备先进、环境可控、效益较高"的要求，积极推广无公害生态鸡蛋，扩大轻型蛋鸡（蛋重45克左右）养殖比例，逐渐实现与今麦郎公司卤蛋生产线有效对接，满足其日需要350万枚鲜蛋的需求。

3. 饲料生产及加工项目

（1）建设规模。设计饲料生产能力达到年产3万吨。

（2）项目布局。园区内尚白线一侧。

（3）建设内容。对现有饲料加工企业进行改扩建。购置专业化的饲料成分分析仪器设备、粉碎机、饲料混合机等大型专业化饲料生产机械，完善饲料生产车间、原料储存间、饲料产品储存间、饲料原料营养成分化验分析室人员配备及运行机制，对当地饲料原料、食品城食品下脚料等营养成分进行分析，根据猪、牛、鸡等养殖动物不同生长阶段的营养需要，开展专门化饲料配方、加工与销售。

4. 生猪、肉羊屠宰项目

（1）建设规模。建成年屠宰能力30万头的现代化生猪屠宰加工厂1个、年屠宰能力15万只的现代化肉羊屠宰加工厂1个。

（2）项目布局。东方食品园区内。

（3）建设内容。采用招商引资和养殖企业自建等多种形式，新建生猪、肉羊生产线2条，根据产品生产线标准建设屠宰间、排酸间、分割间、冷藏间等，并购置相应的配套设施设备；经过肉品排酸和部位分割，生产及销售各类鲜肉及副产品。

5. 规模化饲草种植项目

（1）建设规模。建设1个5 000亩集中连片的饲草种植基地。

（2）项目布局。滏阳河以东，小漳河以西。

（3）建设内容。建设一个饲草种植基地，主要内容包括完成主体设施建设、设备购置租赁等。基地主要种植青贮玉米或紫花苜蓿等多年生优质牧草。按种植紫花青贮玉米计算，亩产5吨左右，总产量可达2.5万吨；按种植紫花苜蓿计算，年产鲜草4 000余吨，按折干率25%计算，可产干草1 000余吨。

（四）主推技术

在常规畜禽养殖技术推广的同时，重点推广牛羊全混合日粮饲喂技术、青贮制作技术；为实现畜产品生产安全积极推广动物电子标识及动物产品溯源技术、发情鉴定与人工授精技术、良种繁育技术、养殖场粪污综合控制技术、养殖环境综合控制等技术，推进标准化、规模化畜禽养殖。

四、标准化蔬菜建设项目

（一）建设思路

以全程高效节水、设施改造升级为基础，以设施配套标准化、栽培技术规范化、资源利用循环化、质量环境安全一体化、生产销售信息化、基地建设园艺化为核心，推广设施生产技术，实现园区蔬菜标准化生产和规模化种植，满足今麦郎等龙头加工企业的原料供应需求。

（二）建设目标

1. 2020年近期目标

到2020年底，园区规划建成标准化蔬菜建设项目4 500亩，其中设施农业种植3 500亩，年产蔬菜10 000吨；露地蔬菜1 000亩，年产蔬菜8 000吨。“三品一标”蔬菜认证产品数量占园区设施蔬菜总量的50%以上。

2. 2025年远期目标

到2025年，设施蔬菜规模发展到6 500亩，露地蔬菜规模达到2 000亩，蔬菜抽检质量合格率达到100%，“三品一标”认证蔬菜产品数量占园区蔬菜总量的60%以上。

（三）重点建设项目

1. 设施蔬菜生产基地

（1）建设规模。建设3 500亩设施蔬菜生产基地。

（2）建设布局。在滨河路西段两侧。

（3）建设内容。建设高标准日光温室、塑料大棚，引进高产、抗病新品种，展示、推广现代农业实用配套技术，采用蔬菜水肥一体化等技术实现设施蔬菜的标准化生产。

2. 露地蔬菜基地建设

（1）建设规模。建设露地蔬菜基地1 000亩。

（2）建设布局。澧河西侧莲子镇区。

（3）建设内容。引进优良蔬菜品种，推广蔬菜水肥一体化、病虫害统防统治等技术。

（四）主推技术

重点推广河北省蔬菜栽培推广技术，包括温室优化结构、新品种引进、两网一膜越夏栽培、沼渣沼液综合利用、生物反应堆、病虫害综合防治、节水灌溉、配方施肥、嫁接和低毒低残留农药等10项技术，推进标准化、规模化、设施化蔬菜种植。

五、美丽乡村与休闲农业建设项目

（一）建设思路

紧紧围绕国家和河北省、邢台市农业战略性结构调整与现代农业发展、美丽乡村建设的总体目标，以增加园区现代农业附加值、丰富农业产业功能、提高农民生活水平为目的，以新品种示范、加工科普和环境保护为主要发展方向进行美丽乡村与休闲农业建设，促进东方现代农业园区一二三产融合发展。

（二）建设目标

1. 2020 年近期目标

结合美丽乡村建设和滏阳河的引水治理工程，以农产品加工业引领休闲农业，形成企业化运作方式为基础，农业科研、教育和技术推广单位作为技术依托，农业观光旅游为纽带，把园区打造成隆尧县的休闲加工观光科普基地。到 2020 年，园区内东店马、肖东、北杨楼、开河、北吴町等 23 个村完成美丽乡村建设，旅游人次达到 2 万人次，休闲旅游收入达 300 万元。

2. 2025 年远期目标

将园区建设成为隆尧县青少年校外科普教育基地、企事业单位文化建设首选之地。到 2025 年，园区内旅游人次达到 3 万人，休闲旅游收入达到 750 万元。

（三）重点建设项目

1. 美丽乡村建设项目

（1）建设规模。涉及 23 个行政村。

（2）建设布局。布局在王家庄、莲东庄等 9 个撤并类村庄，东店马、肖东、北杨楼等 11 个保留村，开河、北吴町等 3 个中心村。

（3）建设内容。主要进行安全饮水、污水治理、街道硬化、无害化卫生厕所改造、清洁能源利用、“三清一拆”和垃圾治理、村庄绿化、特色富民产业、电商平台建设、乡村文化建设、基层组织建设等专项行动。

2. 循环水系游园建设项目

（1）建设规模。10 千米。

（2）建设布局。东方食品城北侧。

（3）建设内容。在东方食品城北侧，打造 10 千米循环水系游园；在浅水区栽植莲藕、芦苇等水生植物，打造水体景观；沿水系选节点栽植小浆果类的林果新品种进行种植展示及示范推广，开展休闲采摘及科普教育活动；搭配种植垂盆草、连钱草、涝峪薹草、青绿薹草等抗旱草种，提供一个孩子们课外学习乡土花草的科普活动场所。最终将循环水系游园打造成为一个科普观光游园。

3. 今麦郎成果展示及工业旅游园建设项目

（1）建设规模。占地约 8 亩。

（2）建设布局。今麦郎企业园区。

（3）建设内容。结合今麦郎集团现有生产车间、生产工艺打造观光廊道，挖掘集团企业文化和制面历史，建设面食展览馆。面食展览馆主要包含游客服务中心、古代面食文化区、现代面食文化区、今麦郎企业文化展示区。同时，联合其他特色加工企业开辟卤蛋、饮品、方便面加工观光旅游线路，提供观光、科普教育、品尝体验等服务。定期举办农产品加工会展活动，促进东方食品城加工企业的宣传。

4. 泽阳园休闲观光体验园建设项目

（1）建设规模。总规模 300 亩。

（2）建设布局。泽阳园。

（3）建设内容。以园区原有火鸡、柴鸡、皖西白鹅、利木赞肉牛、西门塔尔肉牛等特种养殖动物和红色秋葵、彩椒、红油香椿、五彩红薯、沙窝萝卜、水果玉米、黑花生等特色经济作物为基础，设置别具特色的小狗过独木桥、跨断桥、钻火圈、跳高台和猴子坐缆车、走钢丝、翻筋斗等趣味项目，让游客充分与动物亲近、喂食、合影拍照。引进乌鸡、绿壳蛋鸡、贵妇鸡、七彩山鸡及红头鸭等特禽种类，在原有的 300 多亩观光苗木林进行小规模林下养殖，将泽阳园打造成一个趣味性强的综合休闲体验园区。

第六章　投资估算和资金筹措

一、投资估算

（一）估算依据

园区投资根据国家发改委和建设部联合颁布的《建设项目经济评价方法与参数》（第三版）、《农业项目经济评价方法与手册》（第三版）、《投资项目经济咨询评估指南》等文件，以及地方物价管理部门、招投标部门类似工程提供的有关价格信息等进行估算。

（二）估算结果

到2020年年底，园区规划总投资641 740万元，具体各重点建设项目投资估算见表6-1所示。各分项投资和年度投资估算具体见本篇附表所示。

表6-1　园区重点建设项目投资估算　　单位：万元

序号	项目	投资估算（2020年）
1	东方食品城建设项目	622 000
2	小麦种植建设项目	7 140
3	畜禽养殖建设项目	7 600
4	标准化蔬菜建设项目	4 600
5	美丽乡村与休闲农业建设项目	400
合计		641 740

二、资金筹措

园区建设将按照“政府引导、市场运作，省市扶持、县级统筹”原则进行资金筹措。政府主要负责公共基础设施和部分生产设施的引导性投资，重点建设项目和基地建设以企业和农户投资为主。具体各建设项目的资金来源和筹措如下。

东方食品城建设项目资金中，10%来自省、市及县级的地方财政配套资金，55%来自加工企业的自有资金，30%来自加工企业向银行申请的商业贷款，5%来自国家农业综合开发项目、国家现代农业发展资金项目等相关项目的财政补助。

小麦种植建设项目资金中，50%来自中央部委的农业综合开发农业部专项、国家农业产业化示范基地、农业综合开发农业产业化经营项目、农业综合开发土地治理项目、新型合作示范项目及新型农业社会化服务体系项目等，20%来自省、地、县各级政府配套项目资金，15%来自企业与社会资本的投入，15%来自银行或金融机构的低息贷款。

畜禽养殖建设项目资金中，50%来自国家农业综合开发、畜禽良种工程等项目，10%来自省、县等地方财政配套资金，30%来自养殖企业自有资金，10%来自国家及地方的支农资金和低息贷款等。

标准化蔬菜建设项目资金中，30%来自国家针对设施农业的定向补贴，10%来自省、县等地方财政配套资金，30%来自企业自有资金，30%来自国家及地方的支农资金和低息贷款等。

美丽乡村及休闲农业建设项目资金中，15%来自政府专项财政投资，10%来自各项专项资金，15%来自银行贷款，其他60%来自企业自有资金（含招商引资），包括自有资金、招商引资、其他企业入股资金、农民入股、土地出让等。

三、分年实施计划

（一）东方食品城重点建设项目

2016年，主要开展东方食品城的基础设施建设，包括“十通一平”建设；

初步开展对于加工园区和物流包材等产业配套已落实的建设项目基建部分，包括车间厂房等开始投入建设。

2017年，基础设施建设主要开展城区生态绿化和生活服务区建设；继续开展加工园区和物流包材等产业配套的建设项目基础建设。

2018年，继续开展生活服务区和城区生态绿化等建设；重点关注传统优势方便食品产业和功能型食品园区的建设项目。

2019年，重点继续开展加工园区和物流包材等产业配套的建设项目建设，重点关注功能型食品产业和生物科技产业建设项目。

2020年，继续开展功能园区和物流产业配套项目建设，吸引有实力的相关龙头企业入驻加工园区，特别是节能环保型、科技型等高新技术加工企业，扶持中小企业建设项目；关注加工企业标准化生产及体系、互联网建设和科技研究平台建设等，鼓励企业增产增效。

（二）小麦种植重点建设项目

2016年，建设冬小麦节水稳产配套技术推广示范项目20 000亩，完成小麦高标准农田建设和小麦病虫害绿色防控技术20 000亩。

2017年，建设冬小麦节水稳产配套技术推广示范项目20 000亩，完成小麦高标准农田建设和小麦病虫害绿色防控技术20 000亩。

2018年，建设冬小麦节水稳产配套技术推广示范项目20 000亩，完成小麦高标准农田建设和小麦病虫害绿色防控技术20 000亩。

2019年，建设冬小麦节水稳产配套技术推广示范项目20 000亩，完成小麦高标准农田建设和小麦病虫害绿色防控技术20 000亩。

2020年，建设冬小麦节水稳产配套技术推广示范项目5 000亩，完成小麦高标准农田建设和小麦病虫害绿色防控技术5 000亩。

（三）畜禽养殖重点建设项目

2016年，完成各项目的圈舍改扩建、青贮池和粪尿池的建设及场区道路改造等土建工程。

2017年，完成各项目的设施设备购置及种源引进，并进行设施设备的安装调试，投入试运营。

2018 年，各项目投入正常生产运营。

2019 年，各项目投入正常生产运营。基础母羊规模化扩繁及肥育场建设项目继续扩大种源建设。

2020 年，正常生产运营。

（四）标准化蔬菜重点建设项目

2016 年，现代农业设施展示基地主要进行温室建设公司招标，开展水电路等基础设施建设；开始建设现代农业设施展示基地；建设设施蔬菜大棚基地。

2017 年，完善设施蔬菜大棚基地，棚内配套设施，并投入生产；开始着手简易竹架大棚的设施蔬菜大棚基地的原料采购及建设；开始建设露地蔬菜基地包括选种及基础设施建设。

2018 年，完善简易竹架大棚的设施蔬菜大棚基地建设并投产。基地内水肥一体化设备安装，开展科学栽培技术培训，制定技术路线。

2019 年，根据市场需求扩大露地蔬菜基地建设，根据需求安排生产。

2020 年，协调各基地运营，开展技术管理及培训，保证科学生产需要。

（五）美丽乡村与休闲农业重点建设项目

2016 年，主要开展水电路等基础设施建设，土地平整、场地整理及相应基础建设，农田水利设施配套。

2017 年，主要开展循环水系游园、今麦郎成果展示及工业旅游园、休闲观光体验园建设，以及相应基础设施建设。

2018 年，主要完善循环水系游园、今麦郎成果展示及工业旅游园、休闲观光体验园，以及完善园区基础设施建设。

2019 年，开展环境监测网和物联网络建设，提升园区环境、基础设施等硬件设施建设。

2020 年，完善园区的景观绿化和休闲功能区建设，提升园区的软实力，增强园区的竞争力和吸引力，扩大园区辐射带动范围。

第八章　效益分析

一、经济效益

项目区经济效益预计 2020 年年底将达到3 586 750万元，2025 年年底达到 5 511 106万元，具体各产业经济效益见表 7-1 所示。

表 7-1　园区重点建设项目经济效益估算　　单位：万元

序号	项目	经济效益（2020 年）	经济效益（2025 年）
1	东方食品城建设项目	3 580 000	5 500 000
2	小麦种植建设项目	1 700	1 956
3	畜禽养殖建设项目	1 750	3 600
4	标准化蔬菜建设项目	3 000	4 800
5	美丽乡村及休闲农业建设项目	300	750
合计		3 586 750	5 511 106

（一）东方食品城建设项目经济效益估算

东方食品城重点建设项目经济效益估算如本篇附表 3-1 所示，预计 2020 年以后每年可产生经济效益约为 358 亿元，全部由产业建设项目产生。预计 2025 年以后每年经济效益达到 550 亿元。

（二）小麦种植建设项目经济效益估算

小麦种植重点建设项目经济效益估算如附表 3-2 所示，预计至 2020 年每年可增加经济效益1 700万元。其中估算依据，冬小麦节水稳产配套技术示范推广项目每亩节本增效可增加收益100元，小麦高标准农田建设项目每亩增产增加收益100元以上。预计2025年以后每年经济效益达到1 956万元。

（三）畜禽养殖建设项目经济效益估算

畜禽养殖重点建设项目经济效益估算如附表3–3所示，预计2020年以后每年可产生经济效益1 750万元。其中，种羊场建设项目效益250万元，畜禽规模化扩繁及肥育场建设项目效益800万元，蛋鸡养殖建设项目效益100万元，饲料生产建设项目100万元，畜禽屠宰加工厂400万元，饲草生产建设项目100万元。预计2025年以后每年经济效益达到3 600万元。

（四）标准化蔬菜建设项目经济效益估算

设施农业重点建设项目经济效益估算如附表3–4所示，预计2020年完全投产实施后每年可产生经济效益3 000万元。其中，设施蔬菜生产基地建设项目收益2 000万元，露地蔬菜基地建设建设项目收益1 000万元。预计2025年以后每年经济效益达到4 800万元。

（五）美丽乡村与休闲农业建设项目经济效益估算

美丽乡村与休闲农业重点建设项目经济效益估算如附表3–5所示，根据3个项目所产生的旅游人次总和与人均消费水平的乘积的和所得。2020年旅游人数可达到2万人次，人均消费按150元计算，故2020年可产生经济效益300万元。2025年旅游人数可达到3万人次，人均消费按250元计算，故2025年可产生经济效益750万元。

二、社会效益

园区规划实施和相关建设将有效促进当地农业结构调整和农业增长方式转变，提高农业科技含量，增加农民就业和收入，加快园区现代农业的建设步伐。

（一）优势产业的引领和示范效应

园区建设完成后，将形成食品产业高度集聚、规模龙头企业集群发展态势，形成具有较高科技含量、市场竞争力的特色经济和区域产业链。形成以方便面，以及调理食品及休闲食品、调味食品等食品加工产业和物流及包材产业等食品相关产业主导态势，涌现一批如今麦郎、华统、中旺、旭日、金源、厚朴等具有一定规模和影响力的国家及省级龙头企业，培育如今麦郎、甲家、嘉士利等拥有自主知识产权、核心技术和市场竞争力强的国家知名品牌。园区建设将为隆尧县周边现代农业园区建设提供范例，对全县建设现代农业具有良好示范效应。

（二）现代农业种养的辐射带动效应

依托园区快速发展农产品加工业，利用其加工企业多、产业规模大、品牌优势明显、带动力强、设施完善等优势，辐射带动周边地区发展现代农业。通过园区影响力吸引更多龙头企业投身现代农业建设，加强周边基础农业设施建设，提升原料基地的现代化农业经营水平；利用自身完善的基础设施、物流能力和信息化技术等延长和完善周边优质农产品的销售和流通体系；依托园区的科技创新能力和安全快速的检测技术提升农产品生产质量安全体系水平。

（三）科技创新提升和专业信息推广效应

依托园区的招商项目和相关政策，大力引进龙头企业，加强中小企业培育，有力提升园区的科技含量，开发和引进科技含量高的高新产业技术和实用技术。园区承担有现代农业的科学培训任务及功能，利用园区开展各类技术培训，年均培养科技人员和技术人员2 500余人次；其高效种养技术、优良品种、先进农业设施和先进理念推广率达到100%，培养现代新型农民，使园区成为区域性的农业科技创新基地。同时，园区还建设有农业信息咨询服务体系，为当地农民提供生产技术、劳动力就业、家居生活、市场预测和服务信息，对周边乡村的信息覆盖面达到70%。

（四）优化农业产业结构，加速现代农业建设步伐

园区规划实施后，食品产业将得到高速发展，加工业前延后伸展带动园区种

养业高效生产和生态农业新兴发展，最终形成产业结构合理、科技含量高、效益鲜明的现代农业产业园区，加速现代农业建设步伐。

（五）实现农业提质增效和农民增收

大力发展农产品加工业和高效农业有利于增加就业岗位，园区直接及间接吸纳当地农民就业人数分别达300人及600人以上；园区从业人员收入提高35%以上，增加农村经济和社会发展活力，促进形成劳动力本地化就业、老板进村创业和农民回乡发展的新局面。同时，加工业带动农业基地发展，给原料基地注入设施、资金和装备等现代生产要素，提升了农业专业化、标准化、规模化和集约化经营水平，带动相关产业多环节、多层次和多领域的融合，实现农业提质增效。

三、生态效益

园区规划的实施将具有良好的生态效益，具体表现在如下。

（一）生态环境建设

园区实施规模化、绿色化、集约化、产业化的农业生产方式，大力发展生态农业、循环农业，大力推广节水农业、配方施肥、农业化肥综合利用等先进使用技术，实现农作物废弃物的循环和资源再利用，有利于农业生态良性循环发展，有效保护生态环境。同时，改善和美化本园区的环境、营造良好的休闲旅游氛围，更能保护生态环境，有利于广大农民群众的身体健康，进而促进农业和农村经济的可持续发展。

（二）农业资源的合理配置

园区的规划是根据区域资源的特点而展开，立足于社会、经济、生态三位一体的协调发展，通过高效种植和养殖、生态休闲农业产业结合、产品综合开发、清洁生产、废弃物的资源再生利用、生态循环发展和规范化市场运营，将提高园区农业资源的合理开发、配置和高效利用，实现良性循环和产业的可持续发展。

第九章　保障措施

一、园区管委会组织框架及运行管理机制

园区采用统一管理、分级维护的管理模式，管理部门负责整个园区建设工作，管理部下设多个分部门，各部门间建立效益评估和考核机制，通过竞争机制来激发各部门潜力和相互配合。

（一）组织框架

为保障园区各项工作顺利开展，隆尧县政府主管部门需要切实加强组织领导、明确工作责任、狠抓规划落实。成立由县政府主要领导牵头、各部门参加的隆尧县现代农业园区管理委员会（以下简称园区管委会），各园区内设置管理机构。园区管委会由政府领导出任主任，全面负责农业园区的相关开发建设工作。东方现代农业园区管理机构下设综合股、土地股、技术服务股和招商股 4 个股室，其中，综合股负责管委会交办的各项具体工作；土地股负责园区土地流转、建设用地等相关工作；技术服务股负责整个项目区的产业化项目、农业高新技术应用的咨询与推广、优良品种和新的农艺方法的引进和指导；招商股负责园区项目的招商引资、激励制度和政策的具体实施，园区企业和农户的资金信贷的审核和支持等工作。

园区管委会领导小组或园区管理机构需高度统一思想，对园区建设进行统一领导、统一管理、统一协调和统一考核；各部门必须明确其工作职能，加强组织协调，制定办事程序，严格按照园区规划意图进行项目目标管理。具体来说，领

导小组或管委会工作包括对园区企业经营活动提供服务保障、进行指导和依法监督；协调园区与财政、工商、国土、税收等部门的关系，协调政府、企业业主和农户之间的关系；进行园区项目资金监管，配合和落实园区项目招商引资和投资项目审查和报批，为落实各项产业扶持政策创造良好的外部环境。

（二）运行管理机制

园区运行机制是企业牵头运营、政府扶持建设、农户合作生产来共同推进整个园区的现代农业发展。政府部门做好各项服务和保障工作，重点打造园区基础建设，包括园区交通、土地流转、水利工程、能源利用等建设内容，为企业入驻和项目的顺利实施提供基础保证。企业需要发挥主导作用，按照园区的农业产业发展和管理的相关政策具体开展建设项目的实施任务，走规模化、品牌化的发展道路，成为园区发展的主体力量和经济效益的主要来源。开展企业+农户的经营方式，通过企业带动农户合作生产，进行规划化、科学化、统一化、规范化的种养，优化园区现有农业产业结构，促进农民增产和增收，加快园区现代农业发展步伐。

二、服务水平和能力建设

（一）政策保障

考虑将园区建设列入市级统筹发展规划中，同等条件下优先享受国家、市级及县级农业综合开发资金和科技资金的支持。县一级制定符合园区的相关优惠政策，优化完善隆尧县现有农业产业相关政策，吸引具有品牌和战略优势、科技含量高的的食品及相关配套产业落户园区，营造有利于农业园区建设与发展的外部环境，为产业发展提供政策保障。重点扶持优势产业和龙头企业，鼓励科技含量高的高新技术企业，将园区打造成省级乃至国家级农业产业化园区。

（二）机制保障

1. 建立多元化资金筹措机制

采用多层次、广渠道、多元化的融资机制，走“政府带头，社会参与，企业主体，引进外资”的道路。①必须加大各级政府投入。政府是园区建设的组织人和监管者，宏观方面加强引导和调控，同时不断加大地方财政支持力度。对园区规划重点建设项目争取纳入市级乃至省级建设项目，设立园区建设专项基金，重点保证园区基础设施建设，项目和资金向园区主导产业倾斜。②充分引入市场机制，广泛吸收社会各界资金参与，实现资本联合，资本与技术、人力联合。企业是园区建设主体，注重培育龙头企业和高新技术企业。③完善拓宽投资机制。制订配套的优惠政策和灵活的投资机制，营造良好的园区投资环境，吸引更多外来资金投入园区现代农业建设。允许以土地、技术、管理入股或赋予技术成果人以一定的产权权益来吸引社会各界主体投资，对园区内符合在资本市场上筹资条件的农业高科技企业，要积极引导其在证券市场上发行股票或债券来融得资金。④紧密关注国家金融政策，积极争取各类贷款和援助。

2. 完善土地流转机制

土地问题是现代农业园区建设中的一个突出问题，需结合园区具体项目建设情况，探索多形式的、适合园区发展的新土地流转方式。①租赁制+区划调整。鼓励和引导农户将土地承包经营权进行转让，园区经营者付给农民一定租金。同时，将土地划块租给愿意种植的农户或合作社，实现规模化、集约化开发和经营方式。②股份制+合作社。鼓励成立土地股份合作社，农民以土地作价入股，将土地承包经营权转化为股权，委托合作社统一经营，园区管委会统一管理，最后农民参与园区经营利润分红。③返租倒包制。园区管理者将园区分成若干功能小区，转包给企业、合作社、农技人员等经营。不同建设项目可以灵活采用不同形式，但需要注意的是，不管采用哪种形式，都必须是在依法尊重农民自愿和有偿的基础上，切实维护农民合法权益，体现土地使用权价值，避免土地低价租赁和转包。

3. 科学的经营机制

科学引领、一园多模式经营方式，不同建设项目采用差异经营模式，科学灵活，体现科技龙头作用。兼顾政府及园区、企业、农民和各界投资商多方利益，坚持责、权、利紧密结合，充分体现效益与公平。具体经营模式包括：①股份经营制。企业为载体，统一负责项目区开发建设和经营管理。农产品加工产业是园区最重要的产业，也是园区经济效益来源的主体。②企业+基地+农户的经营模式。企业入驻园区后，与农户建立合同形式。同时，委派专家和经营管理者，对生产基地实现统一管理和技术指导，包括统一引种和基础设施建设，统一进行田间管理和收获，农户严格按照要求进行操作。③租赁经营制。业主租赁农民，统一安排，规模化经营。

4. 高效的管理机制

园区必须采用高效、现代化的管理机制，遵循“自主经营、自负盈亏、自我约束、自我发展”的原则，逐步建立“产权清晰、责任明确、政企分开、管理科学”的现代企业制度，不断完善市场导向与技术创新有机结合的科工贸、科农贸一体化的企业管理机制。园区必须具有：规范、有序的层次决策机制；精准、严格的成本控制机制；权责匹配的责任约束机制；协商和谐的系统运作机制；赏罚分明的利益驱动机制；有序流动的人才管理机制和自动及时的反馈调控机制。最后，营造园区管理机制的同时，要重视孕育和形成具有自身特色的管理文化和管理风格。

5. 系统的人才利用机制

（1）建立农业高新技术人才聚集机制。加强人才信息网建设，建立高效的信息系统和高质量的人才回归供求信息网络，及时掌握农业科技人才和园内人才流动供求状况，把园区创建成为“人才回归特区”。最大限度地鼓励和吸收留学人员学成回国，创造宽松的工作和生活环境。

（2）完善人才利益驱动机制。这需要完善知识产权制度，加强专利保护，贯彻谁投资谁获益的原则，建立工资与经济收益挂钩的机制，特别是要建立农业科技人员报酬与贡献挂钩的激励机制，对在农业科技园区从事农业高新技术研究与开发、成果推广及技术创新等项目中取得显著经济效益和社会效益的科技人员实行重奖等。

（3）促成人才管理机制。要激励人才流动，打破部门、地区、单位、学科、所有制之间的壁垒，疏通人才流通渠道。对从事农业高新技术研究与开发的科技人员，实行聘任制、合同制和客座制，科技人员可以兼职、停薪留职或辞职，实行“专家自由产业制”。

最后，要通过各种途径打造、培植农业科技园区内的农业企业家。同时，开展职业农民的教育培训，大力培育新型农民，实现生产组织形式的转变。开展农业培训和示范项目，使农户掌握相关的种养殖技术，提供及时的技术支持和信息服务，推动规模化、标准化农业发展，实现农业产业结构调整和升级，为园区的现代农业建设提供人力支持。

6. 完善的招商机制

园区必须加强招商引资力度，坚持“政府引导、市场运作、企业为主”的招商原则，建立完善的招商制度。①建立多渠道的招商引资形式。充分采用以商招商、产业链招商、会展招商、登门招商、驻点招商、委托招商、网上招商、飞地招商等各种方式，提高招商引资的针对性和实效性。②建立创新的招商机制。按照产业集聚、科技创新的思路，引进一批投资规模大、产值效益高、带动作用强、品牌效应突出的重点项目和科技含量高、发展潜力大、市场前景广的中小型项目，发展壮大龙头企业，孕育孵化中小企业，培育新的利润增长点。③建立招商引资的考核机制，同时切实抓好招商项目的跟踪服务机制，实行全过程“保姆式”跟踪服务，确保项目落地。④完善招商引资的激励机制。对于园区投资的现代农业项目，从政策优惠、减免税收、土地建设、专项资金、资金流体、金融服务等多方面给予优惠，支持和奖励重大项目、高科技项目、生态环保项目等。创建良好的招商环境和服务。硬环境是基础，软环境是核心。推进和完善以道路、水、电、气、通信为主的基础设施建设以及信息发布、技术培训、生活设施、研发平台、社会服务等相关配套设施。在税收、土地、贷款贴息与金融支持等方面制定切实可行的鼓励支持政策，进一步转变政府职能，继续推行行政审批制度改革，简化程序、规定时限、公开透明、规范操作。推进政务诚信、商务诚信、社会诚信建设，积极落实鼓励投资的优惠政策，不折不扣地兑现承诺。树立“亲商、重商、扶商、安商、富商”的理念，建立与客商定期交流信息制度、对重点客户进行定期走访沟通制度、定期召开企业联谊会制度、节日对外来企业家进行慰问走访等制度，帮助解决好企业遇到的困难和问题，真正做到全托式服务、人性化服务、“无边界”服务。

（三）技术保障

1. 发展技术的科技创新体系

应加快建立以政府引导、企业主体、市场化运作、产学研结合的特色农业科学技术创新与成果培养体系，这是园区建设的重点项目。①建立科技创新机制，广辟科技创新投入来源，形成以政府投入为主、企业和社会投入为辅的多渠道、多层次的投入来源；确立企业创新的主体地位，积极争取更多企业来承担科技计划项目，提高项目区技术创新能力；构筑科技创新平台，采取积极措施，密切保持与高等院校和科研院所的技术合作关系，产学研集合，通过技术依托、技术入股和委托创新等多种形式，吸引更多科技优秀人才投身到园区的科技创新当中。②建立科技成果的推广机制，以园区为样板，发挥其示范辐射带动作用，引导农业产业发展。通过技术宣传、典型示范、教育培训和后续服务等措施，来进行农业园区的成果推广和扩散。③鼓励企业采用电子信息、生物工程和节能环保的绿色技术，提高自动化和信息化水平，并按相关政策给予一定的补贴。

2. 健全农产品生产及加工的安全保障体系

①在园区内强化农产品质量安全相关法律法规的宣传，提高农产品生产及加工企业的安全生产意识。②建立农产品生产及加工的安全保证体系，引导和鼓励食品企业开展 ISO9001 质量体系认证、绿色食品认证、有机食品认证，鼓励企业实施良好作业规范（GMP）和建立危害分析关键控制点（HACCP）质量安全体系；加强农产品生产和生产环节的全程质量监管，建立质量可追溯体系和召回制度。③强化农产品质量安全监管和检验检测体系，逐步建立起以预防为主，有效干预、快速反应为核心，政府监管、行业自律和社会监督相结合的农产品安全监管新模式和统一、权威、高效的食品安全监管机制；整合现有的检测资源，形成企业自检、行业自律、部门监督抽检相结合的覆盖全面的食品检验检测体系。④加强园区农产品安全诚信体系，以加强质量诚信为核心，以守法遵章为准绳，以社会道德为基础，以企业自律为重点，以保障食品产品质量安全和促进行业健康发展为目标，通过“政府指导、推动，行业协会加强自律，企业履行主体责任，社会各界参与并监督”，逐步建立诚信效果可评价、诚信奖惩制度能落实的企业诚信体系。

3. 加快“农产品+互联网”的联合体系

推进“互联网+农业”发展，积极开展农业物联网、农产品电子商务和农业信息综合服务，实现园区的现代农业转型升级。①加快推进“互联网+农业”公共服务平台建设。利用互联网提升农业生产、经营、管理和服务水平，培育一批网络化、智能化、精细化的现代农业新模式。通过互联网+助力智能农业和提升农村信息服务，实现农业产前、产中、产后的整个全过程的信息感知，智能决策，自动控制和精准管理；同时，加快推进设施园艺、特种养殖、质量安全追溯等领域物联网示范应用。②加快推进农产品电子商务融合发展。鼓励龙头企业、农民专业合作社引入商业智能和数据仓库技术，通过大数据分析提供有效的市场决策，积极应对市场风险；通过打造电子商务和网络化营销模式，实现农产品多种形式的销售模式；推进互联网技术在农产品电子商务编码管理、包装标识、仓储、冷链、物流等环节的应用，实现农产品在仓储、物流、配送等环节的高效管理。建立“互联网+农业”农产品交易市场，推进农村电子商务发展。充分发挥农村超市、农资店、为民服务中心等主体作用，推进村级电子商务综合服务站建设。③加快推进农业信息服务边界化和农业生产智能化。强化农业综合信息服务能力，提升农业生产要素的合理化配置和资源环境、供给需求、成本收益等监测预警水平，推进农业大数据应用，完善农业信息发布制度，提高农业信息化服务水平。引导农业龙头企业、农民专业合作社、现代农业园区、家庭农场、专业大户等新型农业经营主体建设“互联网+农业”现代信息技术应用体系，提高农业生产智能化水平。加快农村综合信息服务平台建设，推进农业信息进村入户，实现农业信息服务全覆盖。

三、建立监测体系

为准确掌握园区整体发展态势，强化县政府相关行政部门和园区管委会掌控园区信息资源的能力，实现管委会各股室之间信息资源的整合和共享，必须建立园区的建设基础数据库，搭建一个共享、信息资源完善的园区建设基础数据管理平台，解决各部门数据资源分散、共享不足的问题需求。依托建设基础数据库的建设，一方面将园区建设的各类相关数据和信息进行整合接入，同时对数据资源进行处理，实现信息的统一和集中存储，确保数据的唯一性和准确性，同时再为政府和各部门提供共享服务。通过对录入的数据信息的整合和共享，隆尧县相关管理部门和园区管委会可以分年度对园区建设进度、产业发展水平、主体化产业经营状况等进行数据统计和分析，实现精准评价，便于监测。

附　表

附表1　重点建设项目实施进度安排

附表 1–1　东方食品城重点建设项目实施进度安排

序号	项目	年份				
		2016	2017	2018	2019	2020
1	基础和公共服务设施建设项目	●	●	●	●	
2	产业开发建设项目	●	●	●	●	●
3	食品产业技术保障建设项目	●	●	●	●	●

注：●表示安排中包含此项；余同

附表 1–2　小麦种植重点建设项目实施进度安排

序号	项目	年份				
		2016	2017	2018	2019	2020
1	冬小麦节水稳产配套技术推广示范基地建设项目	●	●	●	●	●
2	小麦高标准农田建设建设	●	●	●	●	●

附表 1–3　畜禽养殖重点建设项目实施进度安排

序号	项目	年份				
		2016	2017	2018	2019	2020
1	种羊场建设项目	●	●	●		

（续表）

序号	项目	年份				
		2016	2017	2018	2019	2020
2	基础母羊规模化扩繁及肥育场建设项目	●	●	●	●	
3	基础母猪扩繁及肥育场建设项目	●	●	●		
4	肉牛肥育场建设项目	●	●	●		
5	优质蛋鸡生产基地建设项目	●	●	●		
6	饲料生产及加工建设项目	●	●			
7	生猪、肉羊屠宰建设项目	●	●			
8	规模化饲草种植项目	●	●			

附表 1–4　标准化蔬菜建设项目实施进度安排

序号	项目	年份				
		2016	2017	2018	2019	2020
1	设施蔬菜生产基地建设项目	●	●	●		
2	露地蔬菜基地建设建设项目		●	●	●	

附表 1–5　美丽乡村与休闲农业重点建设项目实施进度安排

序号	项目	年份				
		2016	2017	2018	2019	2020
1	美丽乡村建设项目					
2	循环水系游园建设项目		●	●	●	●
3	今麦郎成果展示及工业旅游园建设项目		●	●		
4	泽阳园休闲观光体验园建设项目	●	●			

附表 2　重点建设项目投资估算

附表 2–1　东方食品城重点建设项目投资估算　　单位：万元

序号	项目	年份					
		2016	2017	2018	2019	2020	合计
1	基础和公共服务设施建设项目	70 000	60 000	52 000	40 000		222 000
2	产业开发建设项目	80 000	80 000	80 000	76 000	76 000	392 000
3	食品产业技术保障建设项目	2 000	2 000	2 000	1 000	1 000	8 000
	合计	152 000	142 000	134 000	117 000	77 000	622 000

附表 2–2　小麦种植重点建设项目投资估算　　单位：万元

序号	项目	年份					
		2016	2017	2018	2019	2020	合计
1	冬小麦节水稳产配套技术推广示范基地建设项目	760	760	760	760	190	3 230
2	小麦高标准农田建设项目	920	920	920	920	230	3910
	合计	1 680	1 680	1 680	1 680	420	7 140

附表 2–3　畜禽养殖重点建设项目投资估算　　单位：万元

序号	项目	年份					
		2016	2017	2018	2019	2020	合计
1	种羊场建设项目	300	300	200	100	100	1 000
2	基础母羊规模化扩繁及肥育场建设项目	200	200	100	100	100	700
3	基础母猪扩繁及肥育场建设项目	200	200	100	100	100	700
4	肉牛肥育场建设项目	200	200	200	200	200	1 000

（续表）

序号	项目	年份					
		2016	2017	2018	2019	2020	合计
5	优质蛋鸡生产基地建设项目	100	100	100	100	100	500
6	饲料生产及加工建设项目	300	400				700
7	生猪、肉羊屠宰建设项目	800	800	200	200	200	2 200
8	规模化饲草种植项目	400	400				800
	合计	2 500	2 600	900	800	800	7 600

附表 2-4　标准化蔬菜建设项目投资估算　　单位：万元

序号	项目	年份					
		2016	2017	2018	2019	2020	合计
1	设施蔬菜生产基地建设项目	1 000	2 000	600			3 600
2	露地蔬菜基地建设项目		400	400	200		1 000
	合计	1 000	2 400	1 000	200		4 600

附表 2-5　美丽乡村与休闲农业重点建设项目投资估算　　单位：万元

序号	项目	年份					
		2016	2017	2018	2019	2020	合计
1	美丽乡村建设项目						
2	循环水系游园建设项目		50	50	50	50	200
3	今麦郎成果展示及工业旅游园建设项目		65	35			100
4	泽阳园休闲观光体验园建设项目	55	45				100
	合计	55	160	85	50	50	400

附表 3 重点建设项目经济效益估算

附表 3-1 东方食品城重点建设项目经济效益估算 单位：万元/年

序号	项目	2020 年	2025 年
1	基础和公共服务设施建设项目		
2	产业开发建设项目	3 580 000	5 500 000
3	食品产业技术保障建设项目		
	合计	3 580 000	5 500 000

附表 3-2 小麦种植重点建设项目经济效益估算 单位：万元/年

序号	项目	2020 年	2025 年
1	冬小麦节水稳产配套技术推广示范基地建设项目	850	978
2	小麦高标准农田建设项目	850	978
	合计	1 700	1 956

附表 3-3 畜禽养殖重点建设项目经济效益估算 单位：万元/年

序号	项目	2020 年	2025 年
1	种羊场建设项目	250	600
2	基础母羊规模化扩繁及肥育场建设项目	200	400
3	基础母猪扩繁及肥育场建设项目	400	600
4	肉牛肥育场建设项目	200	400
5	优质蛋鸡生产基地建设项目	100	200
6	饲料生产及加工建设项目	100	200
7	生猪、肉羊屠宰建设项目	400	1 000
8	规模化饲草种植项目	100	200
	合计	1 750	3 600

附表 3-4　标准化蔬菜建设项目效益估算　　单位：万元/年

序号	项目	2020 年	2025 年
1	设施蔬菜生产基地建设项目	2 000	3 000
2	露地蔬菜基地建设项目	1 000	1 800
	合计	3 000	4 800

附表 3-5　美丽乡村与休闲农业重点建设项目效益估算　　单位：万元/年

序号	项目	2020 年	2025 年
1	美丽乡村建设项目		
2	循环水系游园建设项目	50	100
3	今麦郎成果展示及工业旅游园建设项目	100	150
4	泽阳园休闲观光体验园建设项目	150	500
	合计	300	750

附表 4　东方食品城 2016—2020 年重点产业建设项目

单位：万元

序号	项目名称	建设内容及规模	总投资
（一）	12 个新开工项目		315 076
1	河北新得力食品有限责任公司功能糖品生产项目	主要建设生产车间、成品房及其他配套设施。购置安装 11 条功能糖品生产线及配套设备共计 832 台（套），设计年产功能冰糖 146 万件、精装红糖 33 万件、精装绵糖及砂糖 101 万件	6 288
2	隆尧县保德利食品有限公司冰糖生产升级改造项目	建设标准化冰糖加工车间，通过对全部设备进行技术升级更新，改进生产工艺，降低能耗，设计年产量增加到 2 万吨	8 000
3	河北凤韩食品有限公司韩式年糕生产项目	购置年糕生产设备及辅助设备，设计年产韩式年糕 2 000吨	5 600
4	湖南湘渝科技有限公司焦糖色素生产项目	购置安装 2 条液态焦糖色素生产线，设计年产液态焦糖色素 1.5 万吨	5 800

（续表）

序号	项目名称	建设内容及规模	总投资
5	河北金码食品有限公司食品馅料二期生产项目	建设厂房、仓库等配套设施，安装食品馅料加工及配套设备620台（套），设计年产3万吨食品馅料	12 000
6	今麦郎饮品（隆尧）有限公司综合饮品生产项目	建设2个标准化厂房及其他配套设施	60 000
7	河北万容包装制品有限公司食品容器生产项目	主要建设厂房、研发楼及职工宿舍等辅助设施，购置安装挤出、裁切及成型等系列设备，设计年产发泡塑料杯4万吨	50 000
8	河北庚浩物流有限公司仓储物流中心项目	建设仓库、信息楼、零担货运楼及其他配套设施，购置各类运输车辆310台（套）和配置各种设备489台（套），设计年均周转货物10万吨	20 000
9	邢台卡丁兔食品有限公司系列饮品生产项目	主要建设生产车间、成品房及其他配套设施，安装1条三片罐饮品灌装生产线、3条利乐砖饮料灌装线，设计年产三片罐饮品1万吨、利乐砖饮品2万吨	21 000
10	河北厚朴食品有限公司果汁饮料及中央厨房工程项目	建设4个生产车间、成品库及其他配套设施，购置安装无菌灌装果汁饮料生产线、酱卤肉生产线等设备共计122台（套），设计年产果汁108万吨，年产肉制品、系列主食各1 000万份	108 600
11	河北真瑞食品有限公司功能糖品生产项目	主要建设生产车间、成品房及其他配套设施。购置安装11条功能糖品生产线及配套设备共计832台（套），设计年产功能冰糖146万件、精装红糖33万件、精装绵糖及砂糖101万件	6 288
12	隆尧县志祥饮品有限公司蓝莓浓缩果汁饮料生产项目	主要建设生产车间、成品房及其他配套设施，购置安装台湾产灌装果汁饮料生产线2条，设计年产蓝莓果汁1 200万件	11 500
（二）	15个新投产项目		157 736
1	今麦郎日清食品有限公司调味料生产项目	建设厂房、仓库等设施，安装调味酱生产线，购置榨油机、磨浆机、贮存罐、化验仪器、箱式运输车等，设计年产系列调味酱2万吨	16 000
2	今麦郎日清食品有限公司粉条生产项目	建设厂房、仓库等设施，购置安装粉条生产线5条，设计年产2万吨粉条	5 800
3	今麦郎日清食品有限公司FD（冻干）蔬菜生产项目	建设标准化蔬菜生产加工车间、蔬菜保鲜库、成品库，引进国内先进的FD（冻干）果蔬配套流水线3条，年生产加工各类冻干脱水蔬菜及调理蔬菜系列产品20 000吨	6 500

（续表）

序号	项目名称	建设内容及规模	总投资
4	远东食品配料有限公司复合调味料生产项目	主要建设生产车间、成品库及其他配套设施，购置安装系列调味料生产、检验设备 230 台（套），设计年产12 000吨复合调味料	22 000
5	河北今旭面业有限公司保鲜湿面制品生产项目	主要建设厂房、仓库及配套设施，安装 6 条保鲜湿面生产线，设计年产 4. 5 万吨保鲜湿面制品	22 880
6	河北金码食品有限公司食品馅料一期生产项目	建设厂房、仓库等配套设施，安装食品馅料加工及配套设备 620 台（套），设计年产 3 万吨食品馅料	12 000
7	河北速能辐射加工公司辐照中心二期项目	主要建设辐照中心 1 座，购置电子加速器、冷却塔及冷水机组等辅助设备，设计日处理各类食品、药品 60 吨	5 600
8	河北新得力食品有限责任公司功能糖品生产项目	主要建设生产车间、成品房及其他配套设施。购置安装 11 条功能糖品生产线及配套设备共计 832 台（套），设计年产功能冰糖 146 万件、精装红糖 33 万件、精装绵糖及砂糖 101 万件	6 288
9	隆尧县保德利食品有限公司冰糖生产升级改造项目	建设标准化冰糖加工车间，通过对全部设备进行技术升级更新，改进生产工艺，降低能耗，设计年产量增加到 2 万吨	8 000
10	河北凤韩食品有限公司韩式年糕生产项目	购置年糕生产设备及辅助设备，设计年产韩式年糕 2 000 吨	5 600
11	湖南湘渝科技有限公司焦糖色素生产项目	购置安装 2 条液态焦糖色素生产线，设计年产液态焦糖色素 1. 5 万吨	5 800
12	河北真瑞食品有限公司功能糖品生产项目	主要建设生产车间、成品房及其他配套设施。购置安装 11 条功能糖品生产线及配套设备共计 832 台（套），设计年产功能冰糖 146 万件、精装红糖 33 万件、精装绵糖及砂糖 101 万件	6 288
13	河北滏阳花纸业发展有限公司中高档生活用纸生产项目	建设制备和纸机车间等，安装纸机、碎浆机等设备，设计年产 5 万吨中高档生活用纸	12 800
14	邢台丰鑫宠物食品有限公司宠物食品生产项目	建设厂房及辅助设施，购置喂料机、粉碎机、混合机等系列设备 50 台（套），设计年产各类宠物食品 2 万吨	2 180
15	河北庚浩物流有限公司仓储物流中心项目	建设仓库、信息楼、零担货运楼及其他配套设施，购置各类运输车辆 310 台（套）和配置各种设备 489 台（套），设计年均周转货物 10 万吨	20 000
	合计		47 2812

第二篇
隆尧千户现代农业园区总体规划

第一章　规划背景与依据

一、项目规划背景

千户现代农业园区为邢台市市级现代农业园区。千户现代农业园区成立于2015年10月，位于隆尧县千户营乡，涵盖全乡21个行政村，规划面积83千米^2。重点打造精品蔬菜高效种植、优质畜禽标准化养殖等，是集生产、加工、贮运、营销、休闲观光为一体，产品具有高附加值的现代农业产业化园区。

园区具有以下优势：一是交通便利，农业资源丰富，有耕地近10万亩；二是生态环境好，处处呈现田园风光；三是民风淳朴，热情好客，人文底蕴深厚，劳动力资源丰富。

园区目前入驻企业十几家，包括隆尧怡东农牧有限公司、邢台绿风园林建设工程有限公司等市级农业产业化重点龙头企业，其中怡东农牧有限公司的“怡硕”商标产品是中绿华夏认证的河北省唯一一个有机蔬菜品牌。此外，涌现了以运忠蔬菜、益沃种植、亨峰种植、远芳农业开发等为主体的发展态势良好的农业专业合作组织。现已初步形成了蔬菜种植、苗圃花卉、生猪养殖、蛋禽养殖等发展格局。

园区围绕县委、县政府“11446”发展战略和“135”发展布局，依托千户营乡“11251”发展思路，即以发挥千户营土地优势，建设一个现代农业园区作为主要抓手，以推进招商引资和培扶本土企业作为两个强力支撑，以发展蔬菜种植、苗圃种植、休闲农业、建设农副产品集散市场、服装加工作为五个经济拉动点（增长亮点），实现一个将千户营乡由农业大乡打造成农业强乡的最终目标。

（一）项目提出的背景

当前，我国正处在全面建成小康社会、加快推进现代化的关键时期，加快发展现代农业、推进农业现代化转型发展，是现实与历史的重大任务。2015 年 11 月，党的十八届五中全会通过的《中共中央关于制定国民经济和社会发展第十三个五年规划的建议》提出，今后 5 年要树立创新、协调、绿色、开放、共享的发展理念，大力推进农业现代化，加快转变农业发展方式，发展多种形式的适度规模经营，发挥其在现代农业建设中的引领作用。着力构建现代农业产业体系、生产体系、经营体系，提高农业质量效益和竞争力，推动粮经饲统筹、农林牧渔结合、种养加一体、一二三产业融合发展，走产出高效、产品安全、资源节约、环境友好的农业现代化道路。2016 年中央一号文件《关于落实发展新理念加快农业现代化实现全面小康目标的若干意见》中进一步提出“推进农业现代化，必须着力强化物质装备和技术支撑，着力构建现代农业产业体系、生产体系、经营体系，实施藏粮于地、藏粮于技战略，推动粮经饲统筹、农林牧渔结合、种养加一体、一二三产业融合发展，让农业成为充满希望的朝阳产业”。意见中明确提出实施食品安全战略，强调“加强产地环境保护和源头治理，实行严格的农业投入品使用管理制度。推广高效低毒低残留农药，实施兽用抗菌药治理行动。创建优质农产品和食品品牌。继续推进农业标准化示范区、园艺作物标准园、标准化规模养殖场（小区）、水产健康养殖场建设。实施动植物保护能力提升工程。加快健全从农田到餐桌的农产品质量和食品安全监管体系，建立全程可追溯、互联共享的信息平台，加强标准体系建设，健全风险监测评估和检验检测体系。”

在京津冀协同发展的大背景下，河北作为北京的畿辅之地，在北京的农产品供应保障方面起着至关重要的作用。近年来，河北省以园区建设为重要抓手，以产业化经营为主线，建设环京津都市现代农业产业带。2015 年 7 月，省委办公厅、省政府办公厅发布《关于加快现代农业园区发展的意见》，提出到 2017 年，河北省建成命名 100 个左右省级现代农业园区，带动各地建成一批市、县级现代农业园区。意见要求，按照“生产要素集聚、科技装备先进、管理体制科学、经营机制完善、带动效应明显”的总要求，坚持产出高效、产品安全、资源节约、环境友好的现代农业发展方向，以环京津地区为重点，高起点谋划、高科技引领、高标准建设，打造一批万亩以上的一二三产融合、产加销游一体、产业链条完整的现代农业园区，使之成为全省现代农业发展要素的聚集区、先进技术的示范区、深化改革的先行区、产业融合的试验区，在全省农业现代化进程中发挥示范引领作用。2016年，河北省发布的《关于落实发展新理念加快农业现代化的实施意见》（冀发〔2016〕1号）中提出要以创新、协调、绿色、开放、共享发展理念为引领，推进农业现代化；在提到推进农业供给侧结构性改革时重点强调大力推进以高端设施农业为重点的现代农业园区建设。提出按照“品种高端、技术高端、装备高端、管理高端、产品高端”的要求，着力打造一批加工聚集型、沟域生态开发型、龙头企业带动型、股份合作型、合作社引领型、复合发展型现代农业园区，努力形成现代农业发展高地。2016年，重点抓好100个省级现代农业园区建设，带动高端设施农业发展；到2020年省级现代农业园区发展到200个，带动市县建设现代农业园区1 000个，基本形成高端设施农业规模化、区域化的发展格局。

隆尧县作为“全国粮食生产先进县”和“全国食品工业强县”，具有发展现代农业的自然优势和产业基础。2015年，隆尧县农林牧渔总产值实现45.81亿元，其中农业产值27.38亿元，牧业产值17.38亿元，林业产值0.37亿元，服务业产值0.69亿元。全县耕地面积84.45万亩，以小麦、玉米为主的粮食作物总产达到52.4万吨，2013—2015年连续3年被评为全国粮食生产先进县；常年蔬菜种植面积13.7万亩左右，总产量达到66.69万吨，拥有隆尧辣椒、泽畔藕、隆尧大葱等一批特色蔬菜产品，怡东农牧等11家单位的26个蔬菜品种通过有机、绿色、无公害蔬菜和地理标志等品牌认证，面积达5.25万亩；隆正种养、天兴蛋鸡等一批养殖项目顺利实施，隆尧县肉、蛋、奶产量分别达到3.65万吨、8.36万吨、2.53万吨；拥有市级以上农业产业化龙头企业40家，登记注册家庭农场35家，被评为邢台市农业招商先进县、农业产业化经营先进县。“十三五”规划中显示，现代农业是隆尧县“11446”整体发展战略中，重点发展的四大产业之一。其发展“以提质增效为核心，优粮、增蔬、扩林、培养、强加”作为农业产业结构调整的总体思路，大力实施粮食安全、优质蔬菜、畜禽标准化、精品林果、精深加工、休闲创意等现代农业重点建设工程，构建“一核三带多园三板块”的“13n3”产业空间格局。

隆尧千户现代农业园区选址于千户营乡，是“十三五”期间内重点建设的3个现代农业园区之一，以生产安全、绿色、健康的产品为理念，重点打造绿色蔬菜、优质畜禽两条产业链。整体定位为以蔬菜、肉蛋等高端优质农产品生产为主的现代农业示范园。

（二）园区建设的必要性

1. 是促进农业产业结构调整，提升产业化水平的重要载体

作为一个发展中国家，我国人均资源短缺，发展绿色、有机等高端食品产业可以推动农业和食品工业可持续发展的生产方式的建立和发展。进入20世纪90年代，我国城乡人民整体生活水平开始由温饱水平向小康水平过渡，环境保护意识和对食品无污染的要求越来越高，建设隆尧千户现代农业园区，生产的无公害、绿色、有机食品，可满足城乡人民生活水平日益提高的需求。

根据隆尧千户现代农业园区的功能定位，园区将通过科技示范与标准化生产相结合，打造京津冀精品蔬菜、优质畜禽生产基地，品牌农业示范基地，休闲农业体验区，形成集标准化生产、新技术展示、加工物流及营销推广为一体的精品蔬菜、优质畜禽两条产业链。通过现代农业园区平台，打造隆尧县无公害、绿色、有机等农产品品牌体系，开拓国内外市场，为隆尧县现代农业的升级奠定坚实的基础。

2. 是依靠科技进步发展高效精品农业，推进隆尧现代农业发展的需要

近年来，我国农业面临前所未有的挑战与机遇。一方面，耕地资源日益减少、人口不断增长和人们对农副产品的需求不断增加的现实对农业提出了巨大挑战；另一方面，现代科技的快速发展又给现代农业带来了巨大希望，以信息技术、工厂化栽培（养殖）为代表的一大批高新技术在农业上的应用，给农业生产带来了前所未有的巨大进步。

隆尧千户现代农业园区以农业高新技术成果的“孵化”为动力，以发展集约化、规模化、高效、安全的现代农业为目标，有利于加快国内外农业高新技术成果的引进与试验示范。首先，在蔬菜产业链的建设过程中，针对现代农业发展的最大制约因素，设计系统性、立体化的节水灌溉系统。积极推进机井、水渠、

滴灌管网等基础设施的建设，打造完善的设施蔬菜滴灌网络，改变园区目前传统的灌溉模式。发展水肥一体化等主动、精确、高效的新型节水模式。其次，优质畜禽产业以标准化、规模化为发展方向，集成良种繁育、精准饲喂、信息管理、产品追溯等产业环节的先进科技，有效提高园区养殖业的现代化水平和示范带动能力；最后，园区致力于建设农产品可追溯体系，对农产品实行“从田园到餐桌”的全程质量控制，对产品依法实行统一的标志与管理，保障产品出自良好生态环境，使产品在品质上得到保证，促进产业升级。

3. 是发挥品牌效益，提升农产品市场竞争力的重要举措

市场竞争是质量和品牌的竞争，没有品牌就不可能有效地开拓市场和占有稳定的市场份额，使农业投资和农业生产承担极大的风险。通过建设标准规范、设施齐全、基础完备的现代农业园区，生产高端蔬菜、肉蛋产品，能带动隆尧县绿色、有机食品生产，有利于提升品牌效益，增强隆尧县农产品在市场上的竞争力。园区内设置设施农业科技展示馆，宣传安全与绿色健康农产品生产理念和方式，展示现代农业完备的基础设施、突出的产业优势、领先的科技应用、健全的服务体系、高效的服务方式、良好的生态环境和优质安全的精品产品，提高人民健康消费意识。同时，为园区创建地方特色的全国知名品牌，起到良好的示范引领作用。

4. 是实施现代农业提质增效，带动农民增收的重要途径

为适应农业和农村经济发展新阶段的要求，必须大力推进农业和农村经济结构战略性调整，全面提高农业和农村经济的素质和效益，增加农民收入，这是我国农业和农村经济发展新阶段的中心任务。要增加农民收入，必须发展高效农业，实现高科技、高投入、高产出。

通过建设隆尧千户现代农业园区，着力拓展现代农业生产、生活、生态功能，确保蔬菜、畜禽等优质农产品的有效供给，不断拓展农民创业就业渠道，确保农民收入持续增收。

二、规划依据

（1）中国共产党第十八次全国代表大会报告——《坚定不移沿着中国特色

社会主义道路前进 为全面建设小康社会而奋斗》；

（2）《中华人民共和国国民经济和社会发展第十三个五年规划纲要》。

（3）中共中央、国务院《关于落实发展新理念加快农业现代化实现全面小康目标的若干意见》（2016年中央一号文件）。

（4）中共中央、国务院《关于加大改革创新力度加快农业现代化建设的若干意见》（2015年中央一号文件）。

（5）《农业部关于创建国家现代农业园区的意见》（农计发〔2009〕33号）及其国家现代农业园区认定管理办法。

（6）《国务院关于支持农业产业化龙头企业发展的意见》（国发〔2012〕10号）。

（7）《农业部关于推进农业项目资金倾斜支持国家现代农业园区建设的通知》（农计发〔2012〕19号）。

（8）《农业部 财政部 银监会关于加强国家现代农业园区农业改革与建设试点工作的指导意见》（农计发〔2013〕18号）。

（9）农业部现代农业园区管理办公室《国家现代农业园区文件汇编》（2013年11月）。

（10）《关于支持多种形式适度规模经营促进转变农业发展方式的意见》（财农〔2015〕98号）。

（11）国土资源部、农业部《关于进一步支持设施农业健康发展的通知》（国土资发〔2014〕127号）。

（12）《中华人民共和国基本农田保护条例》。

（13）河北省委、省政府《关于落实发展新理念加快农业现代化的实施意见》（冀发〔2016〕1号）。

（14）河北省农业综合开发办公室《关于创建现代农业综合开发示范区的通知》（冀农发办〔2012〕109号）。

（15）中共河北省委办公厅 河北省人民政府办公厅《关于加快现代农业园区发展的意见》。

（16）《河北省现代农业园区认定管理办法》。

（17）《邢台市现代农业规划（2015—2020年）》。

（18）《关于支持农业招商引资 加快农业产业化发展的实施意见》（邢政〔2014〕7号）。

（19）《隆尧县国民经济和社会发展第十三个五年规划纲要》。

（20）《隆尧县土地利用总体规划（2010—2020年）》。

（21）《隆尧县城乡总体规划（2013—2030年）》。

（22）《隆尧县交通运输“十三五”发展规划》。

（23）《隆尧县“十三五”期间水利发展规划》。

（24）隆尧县政府工作报告（2016年）。

（25）《隆尧县志（2008）》。

（26）中共隆尧县委 隆尧县人民政府《关于加强农村土地经营权流转服务体系建设鼓励支持农村土地经营权流转的实施意见》（隆字〔2015〕29号）。

（27）隆尧县人民政府《关于加快农业招商引资和提升农业产业化发展水平的实施意见（试行）》（隆政发〔2015〕11号）。

（28）隆尧县千户营乡基础调研其他相关数据、资料。

三、规划范围与期限

（一）规划范围

园区规划范围为隆尧县千户营乡全境21个行政村，地处黑龙港流域，北接宁晋县、南靠南郝线（S327）、西为大张庄、东邻巨鹿县。园区总占地面积11.7万亩，其中耕地面积9.55万亩。

（二）规划期限

规划期限为2016—2020年，对规划期限内主要建设任务、发展目标和效益预测做出详细规划。根据园区发展趋势，展望2025年园区可产生效益。

第二章　规划基础与条件

一、自然与经济社会状况

（一）农业自然条件

1. 气候条件

园区属暖温带亚湿润大陆性季风型气候。四季分明，春季干燥多风，夏季炎热多雨，秋季温和凉爽，冬季寒冷少雪。年平均气温 13℃，极端最高气温 42.5℃，极端最低气温-24.8℃。全年无霜期平均 193 天。平均年降水量 491.3 毫米，年降水量最多为 900.2 毫米，最少为 249.6 毫米，夏季平均降水量 327.9 毫米，占年降水量的 67%。全年日照时数平均 2 142.89小时，太阳年辐射总量 128.5 千卡/厘米^2。

2. 地形地貌

园区位于隆尧县东部洼地区域，海拔较隆尧县西、中部低，为 25~27.6 米。

3. 土壤条件

园区大部分区域土壤类型为黏质潮土、黏质底砂潮土，西毛尔寨西南、苏家庄东北、邢家营村南、东毛尔寨东南等区域分布部分盐化潮土，徐麻营至枣驼、滏阳河两侧地区层带状分布部分轻壤质底粘潮土、连仲西北部分布部分中壤质腰沙潮土、小漳河两侧区域分布部分草甸盐土。区域土壤养分有机质含量 1.3%，碱解氮 86.1 毫克/千克、有效磷 25.5 毫克/千克、速效钾 135 毫克/千克，整体富磷缺氮、有机质含量低、钾含量一般。

4. 水资源条件

园区东部小漳河、西部滏阳河贯穿全境，折向东北流入宁晋县，属季节性河流，近年基本处于干涸状态。园区生产、生活全部取自地下水。根据《隆尧县水资源使用权分配方案》，区域农业用水亩均耕地分配水量为 112.3 米^3/亩。

(二) 社会经济发展概况

1. 土地利用现状

园区总占地面积 11.7 万亩，其中耕地面积 9.55 万亩、园地面积 0.02 万亩、林地面积 0.24 万亩、草地面积 0.42 万亩，分别占总面积的 81.67%、0.17%、2.03%、3.56%；城镇村及工矿用地面积 0.8 万亩、交通运输用地面积 0.23 万亩、水域及水利设施用地面积 0.42 万亩、其他用地面积 0.02 万亩，分别占总面积的 6.84%、1.97%、3.56%、0.2%（表 2-1）。

表 2-1　园区用地性质现状

用地名称		数量（亩）	占园区用地比例（%）
非农业用地		14 690.55	12.56
其中	城镇村及工矿用地	7 996.5	6.84
	交通运输用地	2 302.2	1.97
	水域及水利设施用地	4 162.8	3.56
	其他土地	229.05	0.2
农业用地		102 276	87.44
其中	耕地	95 530.5	81.67
	园地	204.15	0.17
	林地	2 378.25	2.03
	草地	4 163.1	3.56
总计		116 966.55	100

2. 社会经济发展现状

园区涉及千户营乡 21 个行政村、9 893户、3.74 万人。千户营乡是传统的农业乡镇，有着丰富的土地资源，全乡拥有耕地面积 9.55 万亩、人均耕地面积

2.55 亩。目前主导产业为粮食、蔬菜、苗木种植和畜禽养殖。2015 年，千户营乡农林渔牧总产值41 269万元，其中农业产值26 331万元、林业产值435 万元、牧业产值14 503万元。

3. 农业基础配套设施

园区所在千户营乡农业基础配套设施齐全，现有机井1 060眼，建有1座220千伏安变电站，供电资源充裕、安全可靠。园区内农机总动力52.2千瓦，联合收割机46台，大中型拖拉机127台，配套农机具5 000台，农业生产活动基本实现机械化。

二、产业发展现状分析

（一）园区产业发展现状

园区主要农作物种植以小麦、玉米为主，兼有部分谷子、高粱、大豆、甘薯。2015 年，千户营乡粮食种植面积 12.23 万亩，总产量 5.48 万吨。其中，玉米播种面积 5.54 万亩，产量 2.49 万吨；小麦播种面积 6 万亩，产量 2.86 万吨。千户营乡蔬菜栽培历史悠久，技术经验丰富，甘蓝、番茄、冬瓜、双孢菇、香菜等规模化生产在省内外享有盛誉；7 个蔬菜产品通过了有机认证，形成了怡东农牧、康帅家庭农场、运忠蔬菜种植专业合作社等一系列新型运营主体。2015 年，全年蔬菜播种面积 1.18 万亩，总产量 5.01 万吨，亩均产值达到5 748元。其中，设施蔬菜栽培面积2 810亩，占蔬菜总种植面积的 23.81%；生产的主要蔬菜有甘蓝、冬瓜、香菜、甘薯。适度扩大蔬菜种植面积，调整产业结构、增加产值，可为农民快速致富提供一条有效途径。在怡东农牧种猪繁育及规模化养殖带动下，千户营乡涌现出了惠康、锦泰隆、徐麻营彦峰、云森等猪、肉羊、柴鸡繁育及规模化养殖企业。全年生猪出栏量 1.8 万头；肉羊存栏数 1.06 万只，出栏数 0.6 万只；肉牛存栏数 300 头，出栏1 100头；蛋鸡存栏量 28 万只。

（二）产业化经营现状

1. 农业经营主体概况

园区目前入驻隆尧怡东农牧有限公司、邢台绿风园林建设工程有限公司、隆尧县惠康养殖有限公司3家市级农业产业化重点龙头企业，以及怡硕蔬菜、运忠蔬菜、益沃种植、亨峰种植等6家专业合作组织；2014年以来河北东蕴农业开发有限公司、邢台远方农业开发有限公司、隆尧乾赫合作社、河北锦泰隆养殖公司、隆尧康帅家庭农场、徐麻营彦峰养鸡场等新型经营主体入驻该园区。目前，园区主要经营主体土地流转面积达到1.1万亩，用于蔬菜、绿化苗圃等种植，猪、羊等养殖和休闲农业（表2-2）。

表2-2　园区目前主要入驻企业土地流转情况

序号	企业名称	位置	规模（亩）	土地用途
1	隆尧怡东农牧有限公司	东毛尔寨村	610	设施蔬菜、生猪、苗圃等
2	河北绿风园林工程有限公司	西毛尔寨东北	1 065	苗圃
3	隆尧祥骉农业开发有限公司	苏庄	520	蔬菜、粮食
4	隆尧县康帅家庭农场	杜家庄村北	180	蔬菜
5	隆尧县运忠蔬菜种植专业合作社	杜家庄村北	385	设施蔬菜、葡萄
6	邢台远方农业开发有限公司（舍落口双孢菇种植示范基地）	舍落口村北	50	设施食用菌栽培
7	隆尧县乾赫专业种植合作社	东毛尔寨村东北	610	设施蔬菜
8	隆尧县东蕴农业开发有限公司	东毛尔寨村南	500	莲藕、蔬菜、苗圃
9	隆尧县惠康养殖有限公司	舍落口村	30	养猪
10	锦泰隆牧业科技发展有限公司	东毛尔寨村	10	养羊
11	郓德苗木专业合作社	狮子疙瘩村东	500	苗圃
12	鑫贲来养猪场	徐麻营村北	10	养猪
13	徐麻营彦峰养鸡场	连仲村北	18	养鸡

2. 农业产业化经营概况

园区拥有隆尧怡东农牧有限公司、河北绿风园林工程有限公司、隆尧县惠康养殖有限公司3家市级以上龙头企业。

隆尧怡东农牧有限公司是一家集有机蔬菜种植、绿色生态养殖和园林绿化工程为一体的现代化农牧公司，为中国有机联盟副理事长单位、农业部“生猪标准化示范场”、是中绿华夏认证的河北省唯一一家有机蔬菜生产基地。公司产品注册“怡硕”商标，主要产品有种猪、散养纯粮猪肉、各类有机蔬菜、有机虫子鸡蛋、有机虫子鸡、苗木等。目前总占地面积610亩，其中生态种养殖基地项目占地80亩，建有猪舍28栋，包括万头生猪养殖基地、种猪站，可容纳种公猪50头，后备公猪30头，可提供优良精液5万份，为1.2万头母猪提供精液，年可出栏商品猪1.2万头；有机蔬菜种植基地建有高质量蔬菜大棚35栋，种植有优质特色大小番茄、大小黄瓜、长短豆角、长茄圆茄等各种果菜、叶菜和多种新、奇、特蔬菜50多种；通过沼气应用，干污分离、添加有机生物菌等技术手段将粪便转化为对农业有用的有机肥料，产生的沼气、沼液和沼渣分别得到有效利用；苗木种植速生杨387亩70万棵，混种50亩多年乔木2 000棵和一年生灌木50万株。

河北绿风园林工程有限公司是一家集苗木种植、园林规划、园林工程施工及养护为一体的民营企业，具有河北省建设厅颁发的园林绿化工程施工二级资质。占地面积5 000亩，现已建成苗圃基地2 600亩，主要培育种植国槐、白蜡、法桐、垂柳、银杏、白皮松、海棠等苗木花卉。公司承建的“隆尧县唐尧公园绿化工程”“隆尧县工业园区绿化景观工程”被河北省建设厅评为“河北省优质工程”。

隆尧县惠康养殖有限公司地处隆尧县千户营乡舍落口村东，主营大约克夏种猪的繁育及生猪饲养。企业注册了“肥俊”牌种猪商标，2013年4月被评为“邢台市农业产业化重点龙头企业”，同年5月获得“无公害畜产品产地认证”等。

（三）基础设施配套现状

1. 农田水利

园区现有耕地面积9.55万亩，主要以大田作物种植为主，有部分规模的经济作物种植，灌溉水源主要为地下水，目前拥有机井1 060余眼，基本可满足大田灌溉需求。按照《隆尧县水资源使用权分配方案》，园区亩均水权120.3米^3，农业总可供水量518.83万米^3，现有主要灌溉方式为漫灌，也有部分喷微灌，每亩灌溉用水约为240米^3。园区灌溉设施不完善，节水灌溉发展缓慢，水利用系数低。

2. 电力设施

乡道耿隆线、东千线为对外交通运输渠道，道路狭窄且途经自然村落，难以承担园区规划后高效生产和休闲观光的需求。园区供电设施主要是为灌溉机井提供电力，鉴于园区现状存在部分灌溉盲区，需要新建部分灌溉设施，同时配套建设相应的供电设施与供电线路。

三、园区建设的有利条件及制约因素

（一）发展优势

1. 区位交通优势

园区位于隆尧东北部，距隆尧县城 15 千米，距邢台市 70 千米、省会石家庄市 96 千米。宁西线、耿隆线、东千线三条道路基本形成园区对外交通网络。宁西线南北向贯穿园区；乡道耿隆线从西侧东西向进入园区，至千户营村折向北、南鱼村折向东后进入宁晋县境内；乡道东千线构成园区东西向主干道，至西毛尔寨村折向南进入牛桥乡。

2. 农业资源特色

园区内特色农业资源丰富。首先，千户营乡滏阳河两侧蔬菜栽培历史悠久，甘蓝、冬瓜等规模化生产在省内外享有盛誉；其次，园区是中绿华夏认证的河北省唯一一家有机蔬菜生产基地，番茄、黄瓜等 7 个蔬菜产品通过了有机认证；最后，园区生猪良种以“杜、长、大”为主，怡东农牧建有种公猪站，年可提供优良精液 5 万份，可有效推动园区生猪养殖产业发展。

3. 政策扶持力度不断加大

近年来，河北省委、省政府按照“生产要素集聚、科技装备先进、管理体制科学、经营机制完善、带动效应明显”的总要求，从财政资金、金融信贷、用地政策等角度积极扶持现代农业园区的建设。现代农业是隆尧县重点发展的四大产业之一，县委、县政府以土地优惠、税费减免、财政扶持等政策吸引县外工商资本和人才来本县参与特色产业开发。作为重点打造的三大现代农业园区之一，隆尧千户现代农业园区的建设得到了当地居民和地方政府的大力支持。

4. 科技依托

园区与中国农业科学院、中绿华夏等科研单位建立了长期技术合作关系，有较强的技术依托条件。同时，园区与县农业局签订了技术服务协议，保证了园区内农产品生产的标准化和质量安全。园区涉及乡村均建有农技服务组织。

（二）限制因素

1. 基础设施不能满足园区发展要求

首先，园区主要对外交通运输渠道耿隆线、东千线道路狭窄且途经自然村落，难以承担园区规划后高效生产和休闲观光的需求；其次，农田水利设施及节水灌溉设施不足，在隆尧整体水资源缺乏的背景下，现代农业潜力难以得到有效挖掘；最后，农业机械化应用水平低，无法满足蔬菜生产的需要。

2. 龙头带动潜力挖掘不足

一是规模化经营范围小，园区现有入驻经营主体基地面积不足园区总体耕地面积的10%，基本以家庭生产为主。二是龙头带动弱，园区现有有机蔬菜认证品牌1个、标准化生猪企业3个，但因利益连接机制不健全，未能在园区形成规模化精品蔬菜、畜禽的生产产业，支持农户力不从心。三是合作组织示范能力弱，目前，园区范围内共注册成立专业合作社120个，大多数经营范围为玉米、小麦、棉花等大田作物种植，运行状态形同虚设，有名无实，难以发挥桥梁纽带作用。

3. 支撑服务体系不健全

农技专业技术人员不足，农业社会化服务的机制有待健全和完善，社会化服务体系对农业支撑和保护基础比较薄弱，不能完全满足农民和经营主体需要。全县缺乏固定的农业科技试验、示范场所，新技术、新品种、新设备推广难度较大。

4. 生产要素缺失

一是劳动力不足。随着城镇化水平的加快，农村青壮年均外出打工，导致农村劳动力数量下降，留在农村的多数是老幼妇孺，许多有文化的青壮年劳动力不愿意留在农村。二是农业产业融资难，农业生产融资受各种风险限制，融资难的状况未根本改变。

四、功能、产业和战略定位分析

根据以上基础条件分析，隆尧千户现代农业园区发展的突出优势在于千户营乡在传统露地蔬菜、有机蔬菜、优质畜禽等农产品的产业基础和市场优势。因此，隆尧千户现代农业园区的发展应充分依托千户营乡蔬菜、畜禽产业基础和“怡硕”“肥俊”等名优品牌带动能力，以生产安全、绿色、健康的产品为理念，重点打造精品蔬菜、优质畜禽 2 条产业链，有效提升当地精品蔬菜、优质畜禽等产业生产管理水平，逐步形成园区优势特色产业体系，实现农业增效和农民增收。

第三章　指导思想、规划原则、发展定位和建设目标

一、指导思想

以党的十八大及十八届三中、四中、五中全会精神为指导，按照河北省委、省政府《关于加快现代农业园区发展的意见》相关要求，遵循“创机制、抓服务，建项目、兴产业，扶龙头、树品牌”的总体思路，以推进现代农业增效、农民增收、农村发展为目标，以培育壮大龙头企业、完善带动农户的组织制度和利益联结机制为核心，以科技创新和机制改革为动力，紧抓蔬菜、畜禽两大产业，推动高效、优质、节水、生态现代农业的发展，努力创建种植结构优化、科技水平先进、经济效益显著、生态效益明显、产业特色鲜明的现代农业示范园，提高农民组织化程度和农业产业化水平。

二、规划原则

（一）坚持市场主导、政府引导相结合

以市场为主导，立足于建成具有产业特色的现代农业园，依托自然资源和产业基础优势，强化优势产业发展。发挥政府在政策引导、统一协调和宏观调控的主导作用，为园区的发展营造良好的政策环境和提供高效的公共服务。充分发挥政府投入资金的支农作用，整合项目、捆绑资金、统筹安排、协调配合、集中建

设，确保每年重点扶持一批关键性项目。

（二）坚持依托科技进步、突出产业创新

探索建设与国内科研院所形成长期稳定的科技合作机制，加快引进、消化和吸收国内外现代农业新技术、新品种、新装备、新模式，使企业成为技术创新主体。利用现代先进的科学技术武装农业和农民，构建农业科技新高地，突出以农业科技研发、先进农业技术展示、农业休闲、物流等新型业态，拓展农业空间，创造农业经济新增长点，促进隆尧县农业结构优化和效益提升。

（三）坚持生产、生活、生态功能相结合

在保护生态环境的前提下，走生产发展、生活富裕的经济发展道路，实现农业生产向有机绿色、资源循环利用和节水节能转变，追求包括生态、经济、社会三大效益在内的绿色效益最大化。

加快推动产业集聚，实现产业布局园区化；进一步改善农业生产基础条件，加强农田、水利等设施建设，实现生产基地化；走循环农业发展之路，大力推广节水、节地、废弃物回收利用，实现农业生产过程清洁化；从源头到产品实施农业安全生产，减少农业活动对生态环境的破坏，提升农产品质量，实现农业生态化。

（四）坚持龙头引领、农民主体相结合

不断创新农村经营体制，充分发挥农民的主体作用和创新精神，通过政策引导、市场驱动、信息服务等途径，引导和鼓励社会资本投入园区建设，加快培育新型职业农民和新型农业经营主体，加快品种、技术、设施、人才的引进，凝聚各方力量，共同推进现代农业园区发展。产业填充和产业管理由龙头企业和农民按照园区建设总体规划，自愿发展，自主管理，市场化运作，坚持谁投资、谁所有、谁受益，形成以市场牵龙头、龙头带基地、基地连农户的运行机制。

三、发展定位

依托千户营乡精品蔬菜、优质畜禽等特色农业产业基础和“怡硕”“肥俊”

等名优品牌带动能力，以生产安全、绿色、健康的产品为理念，重点打造绿色精品蔬菜、高效优质畜禽2条产业链条，将园区建设成布局合理、功能明确、景观优美、特色鲜明、产业竞争力强，以蔬菜、肉蛋等高端优质农产品生产为主的主导产业带动型、高新技术引导型、体制机制创新驱动型省级现代农业示范园。

四、建设目标

按照《省委办公厅省政府办公厅关于加快现代农业园区发展的意见》要求，结合本地实际，从主导产业发展、技术创新、新型经营主体、品牌战略等角度，提出本园区具体建设目标。

（一）主导产业发展目标

到2020年，规划区精品蔬菜种植总面积达到4.5万亩，设施蔬菜种植面积达到1万亩，总产量达到20.2万吨以上；基础母猪、肉羊、蛋禽存栏数分别达到2 250头、1.1万只和26万只，出栏生猪、肉羊分别达到3万头、1万只，全部达到无公害农产品要求；建成产地农产品加工交易市场1座。

（二）基础设施建设目标

推进高标准农田建设和中低产田改造力度，逐渐完善农田水利基础设施；园区水电路绿化等基础设施基本完善；推进温室大棚、标准圈舍、加工厂房、冷库等标准化生产设施建设，到2020年，建成高效节能温室、组装式热镀锌钢架大棚等现代化农业生产设施1万亩、标准化加工厂房6 000米^2、冷库7 500米^2。

（三）技术进步目标

到2020年，农业科技引领带动辐射能力明显增强，农业科技进步贡献率达到60%以上，农田机械化综合作业水平达到90%以上，农业技术推广普及率达到90%以上；主要农作物良种覆盖率达到98%以上，猪、羊等主要畜禽良种覆盖率达到98%以上，农畜产品质量合格率达到100%。

（四）产业融合目标

基本实现一二三产融合发展，以精品蔬菜、优质畜禽等现代农业高效种养产业为基础，纵向延伸发展精品加工与物流产业，横向延伸拉动休闲观光产业，到2020年园区二三产产值占园区总产值的50%以上。

（五）市场主体培育目标

加快培育具有市场竞争力的产业化龙头企业和科技型农民合作化组织，发展年产值500万元以上农业龙头企业10家，其中争取发展省级龙头企业4家、市级龙头企业由4家发展到6家。农民专业合作社稳定在120家左右，转变其主要经营范围，提升辐射带动能力，争取发展省级示范社1家、市级示范社5家。

（六）利益联结机制目标

探索完善“龙头企业+合作社+农户”“龙头企业+家庭农场+农户”“龙头企业+农户”等产业化运营模式，构建新型经营主体与合作社、农户的利益联结机制和分配机制。

（七）综合效益目标

到2020年，园区农业总产值达到6.1亿元，园区主要经济指标高于同类地区的35%；人均产值高于同类地区平均水平的30%；带动周边农民收入增长20%以上。

（八）质量安全目标

到2020年，园区建立起较为完善的农产品质量安全监测体系及农产品质量安全追溯系统，农产品质量安全得到有效监管，农产品质量安全合格率达到100%；加快推进“三品一标”农产品认证，认证产品数量占园区农产品总量的60%以上；创建全国知名农产品品牌2个以上，省级农产品品牌5个以上。

（九）生态环保目标

资源节约型、环境友好型农业生产体系基本形成，农业资源和环境得到较好保护，农业废弃物综合利用能力进一步提高，农业面源污染得到有效控制。到2020年，测土施肥覆盖面积达到95%以上，农药使用数量减少15%，高效、低毒、低残留农药应用普及率达到80%；畜禽粪污处理和综合转化利用率达到95%以上，主要农作物秸秆综合利用率达到95%以上，农田灌溉水资源有效利用率达到67%。

第四章　园区布局和建设内容

一、产业发展方向与重点

依据项目区自然资源条件、产业发展基础、市场需求，充分结合现代人们对休闲、旅游、体验等多样化的需求，园区重点打造精品蔬菜高效种植、优质畜禽标准化养殖两大产业；以此为基础，将产业向后延伸，建设优质农产品产地初加工及交易物流中心，提升基础种养业产品附加值，实现产业链条式发展。

二、空间布局和功能定位

（一）空间布局

根据项目区的产业现状、自然资源条件和农业产业化发展要求，隆尧千户现代农业园区整体划分为核心规划区和辐射带动区。

1. 核心规划区

位于园区东南部，包括东毛尔寨村、西毛尔寨村、苏庄村、舍落口村、杜家庄村、孔家庄村、陈家庄村 7 个行政村，规划总面积 5.19 万亩。该区域为怡东、惠康等产业化运营主体集中分布区，是园区设施蔬菜和优质畜禽产业的集中发展区，同时也是隆尧县有机蔬菜生产技术示范推广源点。核心生产区重点建设“一区一带”，即东千线两侧的设施蔬菜种植区和沿小漳河东侧（500 米以外）的优质畜禽养殖带。

（1）设施蔬菜种植区。以怡东、运忠、康帅、乾赫等产业化经营主体现有设施蔬菜栽培基地向外扩展，主要分布于东千线南北两侧区域，规划完成后蔬菜种植总面积达到1.5万亩，其中设施蔬菜种植面积达到1万亩。

（2）优质畜禽养殖带。位于小漳河东侧500米以外沿线，形成以怡东、惠康、锦泰隆、云森等为核心的种猪、种羊、蛋鸡养殖产业区；规划完成后年出栏生猪、肉羊、蛋禽分别达到3万头、1万只和20万只。

2. 辐射带动区

为园区核心生产区以外区域，主要包括千户营、赵家庄、苏家庄、唐家庄、东王庄、岳家庄等14个行政村，规划总面积6.51万亩。该区域依托核心规划区精品蔬菜、优质畜禽产业的技术引领和社会化服务带动，扩大园区蔬菜、畜禽产业生产规模。该区域重点建设“两区”，即滏阳河两侧的露地蔬菜种植区和赵家庄村北的产地交易物流示范区。

（1）露地蔬菜种植区。依托滏阳河两侧传统露地蔬菜种植区建设，重点发展早春露地春茬、露地夏茬、秋茬及冬贮蔬菜，适当发展双孢菇、平菇等食用菌栽培；规划完成后该区域蔬菜种植总面积达到3万亩。

（2）产地交易物流示范区。选址于赵家庄村北，积极发展农产品产地初加工、仓贮配送及批发交易市场等项目。

（二）功能定位

依托园区区位交通、生态资源、产业基础，以生态环境保护为前提、以现代农业高新技术为支撑、以扶贫机制体制创新为驱动、以带动农民致富为最终目标，打造京津石精品蔬菜、优质畜禽生产基地和农产品产地交易物流中心。

1. 京津石精品蔬菜生产基地

抓住河北省打造“环京津都市现代农业产业带”机遇，利用园区区位交通、气候资源及技术支撑优势，建设精品蔬菜标准化生产基地，配套建设产地初加工、精深加工、仓储物流等环节，形成蔬菜“产供销”一条龙，最大限度延长产业链条，推动精品蔬菜产品的规模化、产业化运营，最终形成立足邢台，辐射京津石的高端农产品生产基地。

2. 优质畜禽生产基地

针对当地土地资源和环境压力日益增加的资源与产业发展现状，及京津冀一体化的经济发展大环境，根据北京、天津、石家庄、保定等高端消费大市场需求，积极进行养殖设施设备改造升级、养殖新技术集成应用、饲养管理水平升级和产品质量提升与认证等，加大力度进行优质肉、蛋等畜禽产品生产和生猪良种培育与繁育，把园区建设成优质畜禽生产基地。

3. 农产品产地交易物流中心

依托现有赵家庄村北自然形成蔬菜交易市场，扶持园区所引进龙头企业、农民专业合作社建设农产品仓贮、冷藏、初加工及物流配送等相关设施，形成区域型产地交易物流中心。以园区管委会为主导，建设农村电商服务平台，形成有形市场与无形市场相结合、现实交易与虚拟交易共繁荣的农产品市场体系。加快市场信息预警预报机制建设，建立健全产销信息公共服务平台，加强信息的采集、发布，防范市场风险。培育大型农产品流通企业和农产品经纪人队伍，帮助农民拓展销路。

三、建设内容

（一）基础设施建设工程

1. 道路建设工程

根据园区地形特征与功能区建设要求，园区道路系统由主干路、次干路、各功能区和功能小区的生产道路、观光步行道路组成（表 3-1）。

表 3-1 园区道路工程一览表

道路	名称	长度（米）	宽度（米）	停车场（米^2）
规划主干路	小漳河右堤	7 000	6	5 000
	滏阳河右堤	6 000	6	
	园区管委会与宁西线连接线	1 000	8	
需拓宽路	东千线	11 000	4 拓宽至 6	
	怡东路	1 500	4 拓宽至 6	
规划次干路		16 000	4~6	

规划沿小漳河右堤、滏阳河右堤新修两条主干路，按四级道路标准建设，规划长度约7 000米、6 000米，宽度6米，便于园区内人车分流；新建建园区管委会与宁西线连接线，规划长度约1 000米，宽度8米；提升拓宽现有的4米宽的东千线，增宽至6米宽；提升拓宽乡道东千线中段至核心区—恰东农牧主干道为6米宽（现为4米宽），实现园区内主要干道基础设施交通便利，进一步提升园区内的产业承载能力；园区次干道按四级道路标准建设，建设长度约为16 000米，宽度4~6米；在核心区和农产品物流加工区出入口处以及休闲旅游区设大型生态停车场，各个节点村及主要的项目点设立小型专用停车场。

2. 水利设施

（1）小漳河河道治理工程。疏浚小漳河河道，对现状标准较低的河道交叉建筑物（桥、闸涵等）进行改、扩建，提高其行洪能力，对园区内小漳河按重现期10年一遇设防洪标准，对小漳河左堤进行复堤，堤顶硬化7千米；河道进行清淤，恢复其排沥和灌溉作用。同时，在园区每个桥底增设排水口，加强排涝能力。做好清障规划，严禁向河道倾倒垃圾，不得随意修建挡坝、阻水卡水工程，行洪滩地内不准修筑高渠和围滩筑埝，严禁在防洪堤上扒口、修渠、垦殖。

（2）排灌沟渠建设工程。沿主干道路、次干道路、生产道路设置灌排沟渠。与主干道路相连，形成河、渠、塘相通的网络水系，沿道路分布布置支渠。按照自然地形地势排水斗沟，汇集流入田间的排水支沟，支沟汇集到排水干沟，最后流入滏阳河、小漳河。园区灌排结合，实现渠相通、沟相连，排放自如。

（3）高效节水示范基地建设工程。以节水增效为中心，在园区内推行建设喷灌、滴灌、低压管道输水的高效节水新技术，“成方连片”推进农业高效节水灌溉规模化发展。玉米、小麦等粮食作物推行低压输水管道高效节水灌溉，林果推行喷灌高效节水灌溉，蔬菜推行滴灌高效节水灌溉。大力发展管道输水、喷微滴灌、水肥一体化等先进高效节水灌溉技术，全面提高节水基础设施建设和节水农业发展水平，压缩灌溉用水数量。到2020年，园区节水灌溉面积4.8万亩，农田灌溉水有效利用系数达到0.67。

3. 电力设施

按照《隆尧县城乡总体规划（2013—2030年）》《隆尧县配电网规划报告（2015版）》与NY/T 2148—2012《高标准农田建设标准》，以现有供电设施为基础，充分考虑规划期末各功能区项目设置用电需求，向上级电力部门提出电源点分布及供电需求，保证园区与上级电网的合理衔接，覆盖全区范围；同时参照更新机井规格，合理更新建设供电线路，满足集中控制、管理园区供电系统的需要，建立现代化的高标准示范园区。

4. 生态环境与景观工程

结合美丽乡村建设工程，重点在西毛尔寨、邢家营、连仲等10个村庄推进“五改四美”专项行动。同时，整合田园、水系、村庄、道路等景观资源，挖掘田园审美功能，结合当地的文化特色，形成园艺、大田、水域为主的景观绿化界面，营造现代化循环农业景观。以位于东部的小漳河为生态轴线，向轴线向两侧展开农业景观。由北向南、由东向西形成由景观元素丰富的核心区生态农业景观向自然田园景观的过渡，通过由精细到恢宏递进的场景，营造有层次感的生态农业景观。沿园区主要道路及水域景观带构建景观通廊，形成景观轴线，相互交错、渗透，构成集生产示范、生态循环、节约型农业等多功能于一体的生态循环景观走廊，构建人与自然相互沟通的线性空间。

5. 信息化设施建设工程

统一规划、统一标准，充分整合园区现有网络资源，建设和完善园区基础网络设施，主要建设网络与通信系统、园区数据中心、园区网络视频监控平台、农业信息服务平台等。完善网络设备，建成统一、全覆盖、安全的网络平台，并实现与县级中心的互联与远程管理。同时，依托主要龙头企业、合作社建立农产品质量安全可追溯系统，有效保障农产品质量安全，把整个园区发展成为一个“互联网+”农业园区。

（二）科技应用建设工程

1. 科研开发

以怡东农牧、绿风园林、惠康养殖等龙头企业为主体，加强与中国农业科学院、中绿华夏等高等院校和科研机构联系，并与之建立紧密型的科技合作关系。围绕精品蔬菜和优质畜禽生产过程中的良种培育引进、质量安全控制体系、疫病综合防控技术、高端设施农业技术、高效节水灌溉技术、加工技术与工艺设备等方面开展研发创新，开发具有自主知识产权的科技成果，使园区成为新型农业科技成果的孵化器。

2. 示范推广

以中国农业科学院、河北农业大学、中绿华夏等高等院校和科研院所为技术依托，组建由县技术推广中心技术人员、龙头企业核心技术骨干组成的农技服务队伍，在园区内进行农技推广和动植物疫病防控培训，打造农技成果的转化、推广、应用基地。每年吸引10名以上各类农业专家入园区从事农业技术推广工作，农业技术推广普及率达到90%以上，主要农作物良种覆盖率达到98%以上，猪、羊等主要畜禽良种覆盖率达到98%以上，新技术、新品种推广面积每年增加300亩。

3. 教育培训

依托县农业局、各龙头企业和农民专业合作社，建设农业技术培训中心，对基层农业干部、广大农民骨干开展各种不同层次、不同形式的农业技能培训和绿色证书培训，培养新型农业管理人才、技术人才和职业农民，明显提高当地农业基层干部、广大农民骨干的农业综合素质。培训中心年培训新型农村实用人才3 000人次，使园区逐步形成隆尧县农业科技创新基地。

4. 标准化生产

全面推广农产品标准化操作规程，加快绿色有机农业技术规程和操作规范的制定。依托隆尧怡东农牧有限公司，逐步制订蔬菜、畜禽等农产品的无公害、绿色、有机基地操作规程和加工操作规程，要根据操作规程细化技术环节，为技术指导和服务提供依据；建立农产品质量追溯体系，以精品蔬菜、生态林果等主导农产品建立质量追溯体系，在源头控制农产品的品质质量，增加农产品附加值，应用条形码技术和无线射频识别技术对特色产品的生长、加工、包装、贮藏、运输、销售等供应链建立全过程有效标示，显著增强产品品质可信度，提升园区品牌效益；建设农产品质量检测中心，确保检测场所、检测设备配备齐全，为质量安全检测创造良好条件。到2020年，农产品质量安全得到有效提升，农产品质量安全合格率达到100%；“三品一标”农产品认证产品数量占园区农产品总量的60%以上。

5. 生态环境

按照农业部“一控两减三基本”的农业面源污染治理标准，到2020年，园区化肥、农药的施用量要实现零增长至负增长。通过防止或者减少过度施肥和盲目施肥，应用测土配方等技术来提高用肥的精准性，提高利用率，测土施肥覆盖面积达到95%以上；通过有机种植技术的推广，推进有机肥的广泛使用，鼓励农民通过绿肥、农家肥的使用，来替代化肥、培肥地力。对于农药，结合有机栽培技术的推广，在园区内推行高效、低毒、低残留的生物农药的使用，在降低农业生产费用的同时，也减少对环境的污染。到2020年，化学农药使用数量减少15%，高效、低毒、低残留农药应用普及率达到80%。

其次，加强农作物秸秆、畜禽粪便、农膜等农业废弃物的资源化再利用，治理土壤污染，确保园区农业生产环境的生态和安全。到2020年，主要农作物秸秆综合利用率达到95%以上，畜禽粪污处理和综合转化利用率达到95%以上，主要农作物秸秆综合利用率达到95%以上。

（三）产业化经营体系建设工程

1. 市场主体建设

结合精品蔬菜、优质畜禽产业链的打造，着力培育怡东、惠康、锦泰隆等龙头企业发展壮大，引导怡东农牧形成“龙头企业+合作社+加工基地”产加销一体化综合体。通过龙头企业带动，加快培育家庭农场、专业大户、农民合作社等新型农业经营主体的建设，规范内部管理，提高农业生产的组织化程度。到2020年，园区新增新型经营主体20家以上，园区农户参加新型经营主体达到85%以上。农民专业合作社稳定在120家左右，转变其主要经营范围，提升辐射带动能力，争取发展省级示范社1家、市级示范社5家。

2. 招商引资

围绕园区主导产业重点建设项目，开展有目的、有方向的全方位招商。一是完善园区招商引资机制，制定详细的招商办法和优惠政策。在落实隆尧县有关招商引资优惠政策的基础上，对招商思路进行科学定位，确立招商选资、招大引强、招好引优的理念，将有限的发展空间和环境容量让给规模效益大、综合效益好、科技含量高的项目。二是完善招商方式。充分采用会展招商、产业链招商、网上招商、委托招商、以商招商等多渠道的招商方式，提高招商引资的针对性和实效性。三是切实抓好招商项目的跟踪服务工作。对招引的项目企业实行手续代办制和部室包联责任制的保姆式服务，通过项目建设推进会及时解决项目建设中的困难问题。争取到2020年，培育年产值500万元以上市级农业龙头企业10家，其中争取发展省级龙头企业2家、市级龙头企业6家。

3. 土地利用

继续实施农村土地确权登记颁证工作，保障农民的根本利益。同时，在坚持家庭联产承包责任制的基础上，发展农业适度规模经营，按照“依法、自愿、有偿”的原则，按照要求和农民意愿，通过土地使用权的有偿转让、反租倒包、土地股份合作制和“四荒”的使用权拍卖等多种形式，完善土地流转机制，稳步推进土地的使用权流转；鼓励农民以承包土地入股，参与农业股份公司和集约化规模经营实体。加快农村土地管理制度改革，积极探索农村集体建设用地折价入股参与基础设施及工商项目建设的办法；加快土地征用制度改革，进一步完善征用程序，积极探索土地征用补偿制度和分配方法，维护和保障被征地农民的合法权益。到2020年，通过采取租赁、托管、股份合作、土地流转形式经营的达到90%以上，适度规模经营率达到40%以上。

4. 品牌培育

着力提升农产品品质，推进农产品从传统品种向高端特色名牌迈进。实施“无公害农产品、绿色农产品和有机农产品”建设，在现有品牌基础上，着力打造国内外知名品牌。紧紧围绕“怡硕”“肥俊”等品牌发展壮大，通过扩规模、提质量、精配送和完善售后服务体系等多种措施来提升产品品质，加大品牌宣传力度，提高产品知名度和信誉度。健全农产品质量安全追溯体系，强化产地市场质量监管，以保证农业品牌的质量和信誉。

做好名优特产品的品牌申报和创建工作，全力打造著名商标、驰名商标和品牌农产品，提高园区农产品品牌在国内、国际市场上的知名度和竞争力。以农产品品牌市场体系建设为中心，通过重点园区农产品网络交易和宣传平台，构建智慧化的市场流通体系，开拓市场空间，促进主导产业的快速发展。到2020年，园区农产品商品率达到90%以上，创建全国知名农产品品牌2个以上，省级农产品品牌5个以上。

5. 产业融合

以精品蔬菜、优质畜禽等种养业为源点，向后延伸发展加工、物流产业，延伸现代农业产业链条，优化园区的农业产业结构，走可持续发展的现代农业道路。园区二、三产产值占园区总产值的50%以上。

6. 利益联结

通过建立合理的利益关系，能形成健康的产业发展环境，有助于稳定合作各方、降低交易成本、增大交易剩余。探索完善“龙头企业+合作社+农户”“龙头企业+家庭农场+农户”“龙头企业+农户”等产业化运营模式，构建新型经营主体与合作社、农户的利益联结机制和分配机制。鼓励和支持农民以股份制、合伙制、合作制等形式参与到农产品加工流通、电子商务、农村服务业和休闲旅游等二、三产业中来；农民将承包经营的土地以出租或入股的形式，与投资农业的工商企业共同组建股份合作企业或农业公司，采取“保底收益+二次分红”的模式，从中获得要素收益；企业以农业设施等投入入股农户、企业与农户实行反租倒包等方式，建立农村产业发展利益协调机制，保障农民和经营组织能够公平地分享一二三产业融合中的红利。

7. 投融资机制

围绕国家产业政策，加强农产品主导产业项目筛选、包装、推介，用好项目吸引外地客商投资，争取上级扶持，赢得金融部门支持。加强协调，积极推动金融机构调整信贷结构、创新信贷方式，主动为农产品生产、加工、流通等方面产业技术进步和产业升级提供信贷、结算、财务、咨询、投资管理等方面的服务。引导园区内龙头企业不断深化产权制度改革，积极引入股份制等产权模式，借众人之力解决资金难题。引导企业加快诚信建设，赢得金融部门的信任和支持。

（四）服务体系建设工程

1. 领导机构

成立由县政府主要领导牵头、各部门参加的隆尧县现代农业园区管理委员会，各园区内设置管理机构。管委会的职责是切实担当起园区领导责任，制定园区发展战略规划，明确园区发展思路、目标、具体建设任务和措施的总体要求，督促和保障园区建设进度按期完成；协调园区与政府管理部门之间的关系，解决园区建设中出现的重大问题，判断和调整园区建设的具体实施措施；开展管委会各部门的综合评价和考核工作。

2. 管理机构

制定一套权责明确、管理科学的现代企业管理制度和运行机制。园区管理机构下设综合股、土地股、技术服务股、招商股等4个股室，其中综合股负责管委会交办的各项具体工作；土地股负责园区土地流转、建设用地等相关工作；技术服务股负责整个项目区的产业化项目和农业高新技术应用的咨询、优良品种和新的农艺方法的引进，指导农业高新技术的应用与推广；招商股负责园区项目的招商引资、激励制度和政策的具体实施，园区企业和农户的资金信贷审核和支持等工作。

3. 社会化服务体系

加快构建以公共服务机构为依托、合作经济组织为基础、龙头企业为骨干、其他社会力量为补充、公益性服务与经营性服务相结合、专项服务和综合服务相协调的新型农业社会化服务体系。发挥各涉农部门、农村集体经济组织、龙头企业在信息、人才、技术、资金、物资、基础设施和资源等方面的优势，组织社会力量，为园区提供多方面的服务。着力健全和完善六大服务体系：一是信息服务体系，以园区管委会牵头，建立农业信息服务网络平台，为农民提供产前、产中、产后等综合信息服务；二是科技推广服务体系，隆尧县农业局组织农业技术推广机构、民营农技实体、专业技术协会、农民科技示范户等，形成农业科研成果转化和技术推广普及网络；三是良种繁育体系，通过怡东农牧、惠康、锦泰隆等已入驻农业龙头的引进、选育、示范和推广，提升园区及周边地区农、林、牧各业优良品种的覆盖面；四是物资服务体系，依托龙头企业和农民专业合作经济组织，以“企业+合作社+基地+农户”的方式，逐步实行农业生产资料加工、购销、运输和送货服务一条龙；五是运销服务体系，依托产地农产品批发市场、农产品购销大户、各类流通企业、供销合作社、专业购销合作社，形成农产品流通、运销服务网络；六是后续服务体系，完善园区内各基地、产品质量检查、监督体系，跟进建设动物防疫及检疫监督等后续服务体系，形成技术支撑、物资供给、运转高效、服务优质、功能齐全的示范区后续服务管理体系，确保现代农业园区持续、稳定、高效地引领区域主导产业发展。

第五章　重点建设项目

园区建设内容通过各主导产业重点建设项目来实现，通过建设项目的引进和实施完成园区产业化经营主体建设，同步带动园区的基础设施建设、科技提升建设和服务体系建设等。千户现代农业园区重点建设项目主要由精品蔬菜、优质畜禽和交易物流三大重点项目构成。

一、精品蔬菜建设项目

（一）建设思路

加快转变蔬菜产业发展方式，推进绿色有机蔬菜产业发展，实现传统农业向特色高效现代农业转变；大力实施"抓项目、育龙头、兴园区、扶特色、建基地、创品牌"系统工程，优化资源配置，延长产业链，增加单产，提质增效，走出一条高产高效、产品安全、资源节约、环境友好的现代农业发展道路，促进农业增效，农民增收，农产品竞争力增强，加速现代化进程，使蔬菜产业实现跨越式发展。

（二）建设目标

建设蔬菜优质高产核心区，以隆尧怡东农牧有限公司及西部舍落口、东毛尔寨、西毛尔寨、杜家庄、苏庄、枣驼、陈家庄等为核心区，联系带动全乡 21 个行政村和落户企业，大力发展现代蔬菜产业，向大规模产业化、标准化、品牌化方向发展，将园区建设成为省内外知名的绿色有机蔬菜生产基地、名优特菜生产基地、加工原料蔬菜生产基地，成为省内著名的精品蔬菜生产区。

1. 2020 年发展目标

园区精品蔬菜基地面积达到 4.5 万亩，其中设施蔬菜基地面积 1 万亩（含高档有机蔬菜基地 300 亩）、露地蔬菜基地面积 2.7 万亩，脱水加工蔬菜原料基地面积 0.7 万亩、鲜食玉米试验基地面积 0.1 万亩，建设一个新品种、新技术展示培训与科技交流基地。至 2020 年精品蔬菜总产量达到 20.2 万吨以上，产值达到 31 550万元。

全面提升蔬菜产品安全质量水平，建设高标准蔬菜产品安全生产体系；积极推进蔬菜生产合作社建设，充分发挥其生产功能、市场销售功能、技术推广与传播功能，实现传统农业向现代农业的转变；加快推进“三品一标”农产品认证，认证产品数量占园区农产品总量的 60%以上，蔬菜产品全部达到无公害要求。

2. 远景展望

到 2025 年，精品蔬菜基地总面积达到 6 万亩以上，总产量实现 27 万吨，产值达到42 070万元以上；将园区建设成为绿色有机蔬菜大面积产业化生产、产品保鲜精细加工品牌化销售、网络电商现代物流直达全国的现代科技园区。

（三）重点建设项目

1. 万亩规范化、标准化设施蔬菜基地建设项目

（1）建设规模。新建蔬菜基地7 190亩，其中高效节能日光温室 960 亩；热镀锌组装式钢架大棚1 430亩；竹木水泥混合结构大棚2 400亩；其他简易园艺设施2 400亩。其中，大型温室、大棚结构占 66.6%以上。加上原有面积，设施蔬菜总面积达到 1 万亩，占蔬菜播种面积的 22.2%。

（2）建设布局。怡东农牧农业科技公司、西部舍落口、东毛尔寨、西毛尔寨、杜家庄、苏庄、枣驼、陈家庄等行政村及相关的涉农企业建设。

（3）主要建设内容。

建设棚室结构选择：以河北省农业技术推广总站提出的建设结构为主，择优选择；依据条件和技术水平试行建设“寿光五代日光温室”、大跨度单排立柱加覆盖物钢架大棚、双屋面温室“阴阳棚”、冀优 2 型改良优化温室等结构类型；

温室及塑料大棚的建设标准与抗风雪荷载参数严格《日光温室和塑料大棚结构与性能要求》（GB/T 19165—2003）国家标准执行。

产品设计：以市场需求和变化规律为导向，进行市场调研，科学合理地安排种植品种和栽培茬口，选择国内外优良品种如彩色甜椒、小黄瓜、樱桃番茄、茄子等各种特菜的栽培，经加工包装面市；克服盲目种植，规避市场风险，保障蔬菜增产，提高菜农收益；在保障冬春蔬菜市场有效供应的同时，为观光、采摘、体验、休闲农业提供休闲观光资源，并促进加工、运输、储藏、商贸等相关产业的发展。

2. 高档有机蔬菜基地建设（含设施蔬菜规划内）

（1）建设规模。300 亩。

（2）建设布局。隆尧怡东农牧有限公司辖属的基地内选址建设。

（3）主要建设内容。

设施类型：发展节能日光温室 100 亩、塑料大棚 200 亩。主要是节能日光温室和钢架塑料大棚设施，建设标准按《日光温室和塑料大棚结构与性能要求》（GB/T 19165—2003）执行。

产品设计：彩色甜椒、迷你黄瓜、樱桃番茄等高档有机蔬菜产品的反季节生产。

创新有机绿色病虫害综合防控规范化技术，同时完善提升蔬菜加工包装技术水平，强化品牌建设，提高产品知名度和认知度，拓展流通渠道开拓高端市场，提质增值，建设高效电商物流配送网络体系。

3. 高标准、产业化、脱水加工蔬菜生产基地建设

（1）建设规模。7 000 亩。

（2）建设布局。在滏阳河以东，东千线及东部小漳河两侧的行政村及相关公司企业，进行大规模、产业化、专业化露地加工原料蔬菜生产基地建设，实现“一村一品”或“多村一品”。

（3）主要建设内容。

基础设施建设：平整土地，疏通沟渠，建设灌排便捷的水利设施，“水电路”到地头，增加施入有机肥，培肥地力，为露地加工专用蔬菜优质高产夯实基础。

产品设计：为适宜制作脱水蔬菜和作为方便面添加料的主要蔬菜种类，如甘蓝、大白菜、胡萝卜、大葱、香葱、辣椒、甜玉米等，对某些蔬菜品种及适宜加工性有一定要求，依据加工厂的需求与加工时段，选择品种，确定面积和适宜的栽培方式，组织安排生产。

在充分做好加工蔬菜需求调研的基础上，发展“订单农业”，依据脱水蔬菜生产厂家的需求和供应时段，签订供销合同，并与其共同制定切实可行的生产供应计划，保障脱水加工原料蔬菜排开生产，均衡收获，质量安全，降低成本，提高效益。

4. 高档适销鲜食玉米、微型甘薯基地建设项目

（1）建设规模。1 000 亩，含适销对路的甜糯玉米与微型甘薯。

（2）建设布局。在乡域内选择区位优势与交通优势良好、适宜生产玉米的区域集中布局；并与鲜食玉米加工厂引进、建设地址选择统一考虑。

（3）主要建设内容。

基础设施：依托高标准农田建设工程，完善基地机井、沟渠、道路等基础设施。

产品设计：引进中糯 1 号、中糯 2 号、京科糯 2000、紫薯（黑甘薯）、宁紫 2-2 等甜玉米和微型甘薯品种进行试种，主攻新年、春节 2 个重点节日，通过订单农业，网络电商品牌销售，经济效益很好。

5. 传统露地精品蔬菜基地建设

（1）建设规模。2.7 万亩。

（2）建设布局。重点在园区西部千户营、赵家庄、苏家庄、唐家庄、东王庄及岳家庄等行政村布局。

（3）主要建设内容。

基础设施：通过机井、沟渠、道路灯基础设施建设实现沟渠疏通配套、灌排便捷、水电路到地头。同时，增加施入有机肥，培肥地力，为露地蔬菜优质高产创造条件。

产品设计：含早春露地春茬、露地夏茬、秋茬及冬储蔬菜，主要推广甘蓝、大白菜、胡萝卜等，并适当发展双孢菇、平菇等食用菌栽培。

引进优质、抗逆、高产蔬菜新品种，进行标准化、规范化栽培管理，推广病

虫害绿色无害防控技术，塑料小棚、地膜覆盖保温促成栽培技术，精品化加工包装，提档增值技术，拓展销售渠道，推进蔬菜品牌化建设，提高市场占有率，增加效益。

6. 设施瓜果采摘园

（1）建设规模。50 亩。

（2）建设布局。杜家庄村北设施大棚区。

（3）主要建设内容。依托设施蔬菜生产基地，选择造型美观、市场接受度高的新、奇、特蔬菜品种，满足城市居民休闲观光消费需求（图 5–1）。同时，可规划一处认种区域，吸引游客认养，亲自劳作、收获（图 5–2）。增加园区特色经营模式。重点建设设施大棚、农田劳作设备、科普标牌等设施以及相应的基础设施。

图 5–1　农业休闲观光园

7. 新品种、新技术试验示范与科技交流培训基地建设项目

（1）建设规模。占地 10 亩，建设温室大棚 3 亩。

（2）建设布局。在交通便捷、区位明显的赵家庄北侧，与蔬菜批发市场毗邻建设。

（3）主要建设内容。

试验设施：塑料大棚及节能日光温室 3 亩，露地试验区 5 亩，培训与技术交流设施 300 米^2。

试验示范品种与新技术：引进展示适宜本乡域栽培的瓜类、茄果类、叶菜类及适宜加工脱水蔬菜的新品种，鉴定筛选最优品种加速推广；进行工厂化育苗技

图 5-2　农业认种区域

术、蔬菜机械化种植技术、设施栽培新技术、无土栽培技术、有机绿色高档蔬菜栽培技术、病虫害无害化综合防治技术的试验示范；建设信息网络系统，推进电商网络销售等；

培训与交流：对菜农进行全面培训，提高其整体文化素质与科技水平，加速蔬菜现代化进程。进行优良新品种繁育，每年推广新品种 3~5 个，培训新菜农 50~100 名。

8. 设施农业科技展示馆

（1）建设规模。3 000 米^2。

（2）建设布局。东毛尔寨。

（3）主要建设内容。依托怡东农牧建设 3 000 米^2 玻璃温室，承担园区设施农业、有机农业及生态农业科普功能（图 5-3）。通过精准农业、有机农业、循环经济和高科技都市农业等概念包装和建设展示馆，并配置相应的宣传图片、数据和设备等，形成学习现代设施农业生态系统知识、农田生物习性观测和娱乐、有机农业生产理念和技术、农业生态系统物质循环等科普教育中心。

（四）重点推广技术

重点推广河北省蔬菜栽培推广技术，包括温室优化结构、新品种引进、两网一膜越夏栽培、沼渣沼液综合利用、生物反应堆、病虫害综合防治、节水灌溉、

图 5-3　设施农业科技展示馆

配方肥技术、嫁接技术和低毒、低残留农药等 10 项，推进标准化、规模化、设施化蔬菜种植。

二、优质畜禽建设项目

（一）建设思路

以创新驱动发展为指导，加大园区科技与资金的投入力度，集成良种繁育、精准饲喂、信息管理、产品追溯等产业环节的先进科技，加强园区生猪、肉羊良种培育体系建设，提高良种培育及制种能力，提升养殖专业化、标准化、规模化、产业化、机械化、信息化、自动化水平和示范带动能力；不断拓宽产业发展的各个环节，进行以良种培育与杂交制种为带动的养殖、饲料生产与加工、粪污处理等全产业链发展，并促进各产业融合发展；鼓励经营企业加大力度进行人才和技术引进，并与中国农业科学院、中国农业大学等科研院校建立密切的合作关系，通过提高企业科技创新能力，提升产业核心竞争力。

（二）建设目标

1. 2020 年发展目标

促进中国农业科学院、中国农业大学等科研院校的相关专业专家与园区各养殖产业企业建立稳定合作关系，并在产业发展中发挥重要作用，把园区打造成生猪良种培育与制种基地，大幅提高猪、羊、鸡的养殖水平，辐射带动隆尧县及邢台地区养殖业高效、快速发展。

基础母猪、肉羊、柴鸡存栏数分别达到2 250头、1.1 万只和 26 万只，出栏生猪、肉羊分别达到3 万头和1 万只；单位畜禽平均生产效率提高8%~10%；规模化养殖比重达到85%以上；主要养殖品种良种覆盖率达到98%以上；动物产品全部达到无公害农产品生产标准，30%以上达到绿色食品生产标准。

2. 远景展望

到2025 年，基本建成生猪良种繁育体系，满足隆尧县生猪养殖良种需求，并为邢台地区提供优良种源；在稳定生猪生产前提下，肉牛、肉羊、家禽等节粮畜牧业得到快速发展，基础母猪、母羊存栏数比2020 年提高30%~50%，示范区单位畜禽平均生产效率再提高 5%~7%；农民收入水平进一步提高。

（三）重点建设项目

1. 种猪场建设

（1）建设规模。优良基础母猪饲养量达到2 250头以上，不仅为园区养殖提供充足的优良种猪，并辐射带动邻近乡镇、县区养殖业发展。

（2）主要建设内容。良种猪场改扩建，进行杜洛克、大白、长白等优良品种配套系杂交选育，完善档案室、数据处理室、网络平台等建设，并购置相应的电脑设备，提高育种值遗传评估能力和水平；购置手持电脑、地泵、测膘仪、饲料自动饲喂及计量设备等，提高自动化测定、数据采集、传输等水平，使育种值遗传评估数据更精准可靠；进行各类圈舍改扩建；进行精液采集、检测、冷冻等设施设备购置，为人工输精及优质精液推广应用奠定基础；进行沼气等粪污无害化处理设施建设。

（3）建设布局。东毛尔寨、舍落口、连仲村。

2. 畜禽养殖场建设

（1）基础母羊规模化扩繁及肥育场建设。

建设规模：对20个存栏200只以上的肉羊养殖大户进行改扩建，确保园区肉羊养殖业具有充足的优良种源，并辐射带动邻近乡镇、县区养殖业发展。

主要建设内容：对现有羊场进行圈舍的改扩建，配套建设青贮窖、饲料储存间、沼气池等设施，购置适当类型的牧草收割机（中小型）、粉碎机、饲料运输车和TMR等设备，积极推广应用玉米青贮、人工输精、TMR饲喂等技术，并进行相关水电、道路等基础设施建设。通过土地流转承包进行大片的饲草料地建设。

建设布局：东毛尔寨村、苏庄村、杜家庄、孔家庄等肉羊养殖基础条件较好的村庄。

（2）生猪肥育场建设。

建设规模：对5~10个年出栏300~500头的肥育场进行改扩建。

主要建设内容：针对怡东农牧等年出栏300~500头规模的5~10个肥育场进行改扩建，改扩建养殖圈舍，购置配套的生产设施设备，进行夏季防暑降温及冬季防寒配套设施建设，提高其机械化、标准化养殖技术水平和养殖容量，配套进行饲料间、消毒设施、粪污处理设施改造和沼气工程，并进行道路铺设及水电等基础设施建设。购置适当类型的粉碎机、饲料运输车等设备。

建设布局：舍落口、毛尔寨、苏庄、陈家庄、连仲村等养殖基础条件较好的村庄。

（3）林下柴鸡养殖项目建设。

建设规模：对具有一定养殖基础的林下鸡养殖场进行改扩建，使养殖规模在3 000~4 000只的林下鸡养殖场（大户）达到5~8个。

主要建设内容：进行鸡苗、饲料、药品购置，配套建设相应的养殖鸡舍、围栏、饲料存储和管理用房等，并构建一定的补饲、补水设备，建立柴鸡鼠害防御技术措施。

建设布局：东毛尔寨、西毛尔寨、陈家庄等林下养殖基础条件较好的村庄。

（4）标准化蛋鸡养殖场建设。

建设规模：对彦峰养鸡场等具有一定养殖规模的蛋鸡养殖场进行改扩建，使养殖规模在 1 万~2 万只的养殖户达到 3~4 个。

主要建设内容：进行圈舍标准化改扩建，配套建设鸡笼设施、自动化饮水和给料系统、空气温湿度调节系统，并配套建设自动捡蛋、包装等系统和粪污自动化清理系统，在提高其养殖环境自动化控制水平和能力前提下，提高其生产效率。

建设布局：在徐麻营、康家庄、杜家庄、苏家庄等蛋鸡养殖基础条件较好的村庄。

3. 畜禽养殖粪污资源化利用项目

（1）沼气建设项目。

建设规模：建设 800 米^3 沼气池及其配套工程。

主要建设内容：建设粪污发酵池、发酵塔、沼液过滤沉淀池，积极进行粪污收集集中处理。配套建设沼气、沼液存储与传输设施设备，购置沼渣、沼液运输设备，沼液还田，沼渣直接用于后续的有机肥生产。

建设布局：毛尔寨村、连仲村等。

（2）有机肥生产建设项目。

建设规模：使有机肥量达到年产 3 万吨生产规模。

主要建设内容：改扩建秸秆、米糠等辅料储存间、加工间、物料混合车间、发酵车间、晾晒场、产品分装预包装车间、成品库等，并配套构建办公室、职工宿舍等附属用房，购置粉碎机、混合机等相关机器设备，配套进行水电路基础设施建设。

建设布局：东毛尔寨村。

（四）重点推广技术

在常规畜禽养殖技术推广同时，重点推广牛、羊 TMR 饲喂技术、青贮制作技术；为实现畜产品生产安全积极推广动物电子标识及动物产品溯源技术、发情鉴定与人工授精技术、良种繁育技术、养殖场粪污综合控制技术、养殖环境综合控制技术等，推进标准化、规模化畜禽养殖。

三、交易物流建设项目

（一）建设思路

在农业产业化集群发展中，农产品加工和物流产业作为农产品增值和流通的重要环节，是促进农业增效、农民增收的重要途径和建设社会主义新农村的重要支撑，是满足城乡居民生活需求的重要保证。目前，仅怡东农牧建有分拣包装中心和小型仓储设施，农产品产地分拣、配送、交易设施的缺失成为园区农业产业化运营的重要障碍。

按照现代农业集群化发展思路，构建种养、加工、流通一体化的产业链体系，以集中仓储、产地批发、智能配送为原则，打造园区农产品保值平台和营销网络，为园区订单农业的实施提供基础。

（二）建设目标

1. 2020 年发展目标

重点建设果蔬产地分拣包装基地、仓储物流基地和农产品产地批发市场等工程的建设。力争到 2020 年，健全以粮食、畜禽和果蔬等产品为重点的农产品产地初加工和冷链物流体系，产品商品率达到 90%以上；建设以产品质量安全为核心、产加销全程监控的“三品一标”农产品质量认证和监测检测体系，保障产品检测合格率达到 100%；有效推进当地有机绿色农产品加工的现代化、产业化进程，促进本地区农业生产效益、企业经营效益、环境生态效益以及产品社会效益的全面提升，区域综合产值达到 2.7 亿元。

2. 远景展望

进一步提升区域农产品加工、转运、贸易功能的辐射带动能力，发展拉动精品蔬菜、鲜食玉米、优质畜禽等产业发展。同时，根据市场需求和产业发展进度，有限度地引进蔬菜、果品精深加工项目和畜禽产品加工项目。到 2025 年，区域综合产值达到 3.6 亿元，农产品加工物流环节提质增效和农民就业增收效果显著。

（三）重点建设项目

1. 蔬菜产地分拣包装基地建设项目

农产品产地初加工项目的选择以园区拟规划建设的基础种植产业资源为范围，同时产业资源具备产业规模较小、难以形成精深加工产品规模、主要以鲜活农产品为主要输出方式的特点。根据以上原则，本项目选择精品蔬菜建设项目中生产的蔬菜、果品、食用菌等为主要初加工对象，采用就近布局的方式对新鲜产品进行就近清洗、包装后，运入仓储物流中心冷藏库暂时储存。

（1）建设规模。总占地面积 25 亩，年加工生产能力 20.5 万吨。

（2）建设布局。项目初加工基地建设 2 处，其中隆尧怡东农牧有限公司内设置 1 处，赵家庄村北设置 1 处。

（3）主要建设内容。

怡东分拣包装中心：主要以蔬菜、水果、五谷杂粮精细品牌加工厂为主，以订单农业定点配送方式销售。总投资 380 万元，主要建设清洗包装厂房 500 米^2，购置清洗包装生产线、在线检测监控设施等设备，年加工生产能力 5 000吨。

赵家庄产地初加工中心：主要用于园区大宗粮食、果蔬、食用菌产品的产地处理。引进国内外先进的成熟蔬菜及果品初加工生产技术，建设年加工量 20 万吨的清洗分拣包装中心，主要进行采后产品快速预冷、分级和清除老叶后，送入仓储加工物流区内冷藏保鲜库保存。区域总占地面积 20 亩，总投资4 000万元，主要建设清洗包装厂房5 500米^2，采用单层钢架结构设计。

2. 鲜食玉米加工生产线建设项目

（1）建设规模。与园区鲜食玉米基地开发相配套，建设5 000~6 000吨鲜食玉米加工生产线及冷链储运设施，达到两季生产周年供应，可以获得较大的经济效益。

（2）建设布局。赵家庄村北。

（3）主要建设内容。总投资 180 万元，主要建设鲜食玉米加工车间 300 米^2，购置鲜食玉米整穗速冻保鲜加工生产线 1 条、真空包装保鲜加工生产线 1 条、在线检测监控设施等设备，年加工生产能力6 000吨。

3. 仓储物流基地建设项目

仓储配送区主要承担优质粮食、蔬菜果品、家禽等区域生产物资、所产产品的暂时存储和转运运输。同时，建设信息交易平台，为企业正确抉择提供市场资讯和技术服务。通过配送体系，积极打造绿色分级供给平台，完成优质产品分级供给建设，实现产品品牌化供应，实现从基地、加工、分级、配销的标准管理，质量监控严格并且配以条形码追溯体系，保证产品质量安全。

（1）建设规模。项目总占地面积 50 亩，总投资6 000万元，建成后将形成年储存转运农产品 25 万吨的能力，实现产值3 800万元。

（2）建设布局。赵家庄村北。

（3）主要建设内容。包括粮库、冷藏保鲜库、普通仓库等仓储设施的建设，物流调度、管理平台的建设和转运车辆的购置等。

4. 农产品产地批发市场建设项目

农产品批发市场的建设是示范园区产品减少流通环节的措施之一，通过交易大棚、电子结算中心、产品质量检测中心等项目的建设，促进园区农产品集散，形成农产品价格，把关农产品质量，保障城市农产品供应，引导农作物生产。

（1）建设规模。总占地面积 50 亩。

（2）建设布局。在乡域西部赵家庄村北蔬菜产区近公路处选址建设；坚持“先有场、后建市”的发展思路，由小到大，逐步扩大，防止“有场无市”的被动尴尬局面发生。

（3）主要建设内容。主要为集中展示、现场交易的模式，为园区农产品重要展示销售平台。主要建设内容包括农产品集中展示大厅、大棚交易区、办公检测中心及配套服务等区域的建设，区域总投资 2 500万元，建成后年交易额达到 2. 7 亿元。

第六章　投资估算和资金筹措

一、投资估算

（一）测算依据

（1）《农业建设项目财务估算和经济评价方法》。

（2）《建设项目经济评价方法与参数》（第三版）。

（3）《农业项目经济评价实用手册》等。

（二）项目投资

隆尧千户现代农业园区总投资45 220万元，具体各重点建设项目投资估算见表6-1所示。各项目分年度投资计划见本篇附表1所示。

表6-1　园区投资估算分析　　单位：万元

序号	工程名称	投资额度
1	精品蔬菜建设项目	26 860
2	优质畜禽建设项目	5 300
3	交易物流建设项目	13 060
合计		45 220

二、资金筹措

按照“政府引导、市场运作，省市扶持、县级统筹”相结合的方式，以园区内经营主体投入为主，整合发改、财政、农业等相关涉农项目资金，引导金融机构和社会资本广泛参与，提出以下资金筹措方案。

（一）精品蔬菜建设项目

项目资金51.3%来自龙头企业自筹资金；14.1%来自国家专项资金；12.4%来自地方财政支持；2.7%来自合作社、种植大户等投入；19.5%来自低息或贴息农业贷款。

（二）优质畜禽基地建设项目

项目资金50%来自国家农业综合开发、畜禽良种工程等项目，10%来自省、县等地方财政配套资金，30%来自养殖企业自有资金，10%来自国家及地方的支农资金和低息贷款等。

（三）交易物流建设项目

10%来自省、市及县级的地方财政配套资金，50%来自招商企业的自有资金，35%来自向银行申请的商业贷款，5%来自国家农业综合开发项目、国家现代农业发展资金项目等相关项目的财政补助。

第七章　效益分析

一、经济效益

通过规划的实施，大力提升设施农业水平，增加复种指数，提高土地资源利用率。通过建设优质农产品生产基地，到2020年，精品蔬菜产量稳定在20.2万吨以上，肉蛋产量稳定在1 600吨以上。通过建设名优特农产品产地交易物流中心，农产品加工转化率和农产品附加值将显著提升。农业总产值达到6.1亿元。此外，经济效益还体现在预期将极大地带动隆尧县餐饮、物流等相关产业发展，促进当地经济的全面发展（表7-1）。

表7-1　园区经济效益分析　　单位：万元

序号	工程名称	2020年	2025年
1	精品蔬菜建设项目	31 550	42 070
2	优质畜禽建设项目	2 430	4 800
3	交易物流建设项目	27 000	36 000
合计		60 980	82 870

（一）精品蔬菜建设项目

预计到2020年，园区精品蔬菜总面积达到4.5万亩，总产量达到20.2万吨，实现产值31 550万元。其中设施有机蔬菜及标准化设施蔬菜产值1万~4万元/亩，平均产值1.2万元/亩以上，与当地一般设施蔬菜产值相比提高30%以上；露地蔬菜、加工原料蔬菜及鲜食玉米产值平均 0.5 万～0.55 万元/亩，与当地露地蔬菜产值相比增值 30%以上；设施蔬菜与休闲观光采摘产业结合，并为其提供丰富的采摘资源，促进相关产业发展。预测 2025 年以后，精品蔬菜发展总面积达到 6 万亩以上，产值及综合效益实现42 070万元以上。

（二）优质畜禽建设项目

本项目培育的生猪良种将提高隆尧地区养殖业的整体种质水平，项目建设中所采用的各种先进技术，将大幅提高畜产品的生产效率，并改善产品品质，显著提高养殖业经济效益。同时，本项目建设拓宽了良种培育与制种、饲养管理、粪污综合处理等环节的产业链条，并从全产业角度集成并促进了不同环节的发展，奠定了隆尧现代养殖业的产业发展基础，经济效益显著提升。到 2020 年以后，每年可产生经济效益2 430万元。其中，种猪场建设项目效益 400 万元，基础母羊规模化扩繁及肥育场建设项目效益 300 万元，生猪肥育场建设项目效益 400 万元，林下柴鸡养殖项目效益 250 万元，标准化蛋鸡养殖场建设项目效益 350 万元，沼气工程建设项目效益 130 万元，有机肥生产建设项目效益 600 万元。预计 2025 年以后每年经济效益可达到4 800万元。

（三）交易物流建设项目

交易物流建设项目主要完成对园区产品的产地初加工、冷藏转运及产地销售，建成后将形成年包装 20.5 万吨、转运 25 万吨农产品的能力。到 2020 年，每年可产生经济效益35 920万元。其中，产地分拣包装基地建设项目效益4 800万元，鲜食玉米加工生产线建设项目效益 320 万元，仓储物流基地建设项目效益3 800万元，农产品产地批发市场建设项目效益 2.7 亿元。预计 2025 年以后每年经济效益可达到4.7亿元。

二、社会效益

隆尧千户现代农业园区的建设主要着眼于精品蔬菜、优质畜禽两条产业链的建设，建成后，将有效促进当地农业结构调整，提高农业科技含量，拓展农业多功能性，增加农民就业和收入，拥有良好的社会效益。

（一）为市场提供优质安全的农产品

依托怡东农牧有机蔬菜品牌优势和千户营乡自然资源条件和产业基础，提倡绿色、高效理念，结合园区蔬菜、畜禽产品，积极推动“三品一标”基地建设，既保证了产量，又保证了安全。通过将现代高效设施装备、有机栽培技术、综合环境控制技术的引进，实现蔬菜产品的高效、安全输出；通过优质畜禽建设项目的实施，有效提高隆尧畜牧业及畜产品在我国北方地区乃至全国的知名度、美誉度，为京津石区域提供健康、环保、营养、安全的特色畜产品。

（二）引导技术示范与创新

隆尧地处我国华北平原地下漏斗区，水资源缺乏对农业限制明显。通过园区规划的实施，采用现代高效设施技术推进当地种养业的健康发展，促进当地农用土地、劳动力、资金等生产要素的合理调整，提高土地生产率和劳动生产率。同时，带动加工、物流及休闲农业的发展，增加农业生产的附加值。此外，推动现代农业高新技术创新、示范、推广等工作，促进科技成果的转化创新，加速传统农业向现代农业的转变，为邢台市现代农业安全转型提供模板，面向全国发挥示范、辐射、带动作用。

（三）增加农民收入、带动农民致富

规划实施后，通过种植、加工、流通及生态休闲产业的实施，为当地劳动力、特别是妇女劳力就地就业提供了岗位。同时，通过重点建设项目的拉动，可带动周边农户发展蔬菜、生猪、肉羊、草鸡等高效生态种养，有效增加农民收入、拓宽农民就业渠道。到 2020 年，园区直接及间接吸纳当地农民就业人数分别达1 500人及5 000人以上，农民人均收入比园区建设前提高 40%以上。同时，通过农产品交易市场的建设，园区农产品市场流通和信息体系建设也都将得到显著加强，将对规划区的农村经济发展带来积极影响，可从宏观上带动农村产业的普遍升级和长远社会经济目标的实现。

（四）提升当地区民生活质量

结合美丽乡村建设工程，完善园区水电路绿化等基础设施工程的建设，有效提升园区各自然村落间生产、生活的便利性和美观性，进一步提升村民生活品质。同时，园区的建设可为隆尧县美丽农村建设提供新型运营模式，产生巨大的推动力。

三、生态效益

规划的实施，具有显著的生态效益。主要表现在以下几方面。

一是农业生态系统得到有效保护。园区建设坚持绿色、环保、有机发展原则，严控化肥、农药的使用，实现农药、化肥施用零增长，蔬菜产品安全质量达到 100%，“三废”排放达标；“三品一标”产品达到 80%以上；通过科学规划，合理利用生物资源、土地资源、水资源和生物能源，充分发挥现代农业对生态环境的调节功能。实行引进技术与环境整治相结合的建设方针，关键技术和技术应用过程中不产生环境污染源与污染物，符合国家环境保护相关规定和要求，可保障园区的生态环境系统向良性方向转换。

二是资源利用效率显著提高。按照“减量化、再利用、资源化”原则，全面推进发展循环农业，提高资源利用效率。通过种植、养殖与观光旅游产业结合、产品综合开发、资源再生利用和规范化市场运营，将提高区域农业资源的合理开发和高效利用，实现良性循环和产业的可持续发展。

本项目规划始终遵循循环经济和生态环保的规划理念与总体指导思想，进行的青贮制作、沼气生产、有机肥制作等项目建设内容将对种养结合起到重要的促进作用，实现了养殖业的粪肥和种植业的秸秆等废弃物的再资源化利用，确保了环境的生态和安全。

第八章 保障措施

一、园区管委会组织框架及运行管理机制

（一）组织机构设置

成立由县政府主要领导牵头、各部门参加的隆尧县现代农业园区管理委员会（以下简称园区管委会），各园区内设置管理机构。千户园区管理机构下设综合股、土地股、技术服务股、招商股等4个股室，从千户营乡政府内部抽调5~8名工作人员，开展技术服务、土地流转、招商引资等工作。各行政村也相应成立组织机构，积极建立本区域内的产业重点建设基地，确定专门的行政领导和技术责任人，认真落实园区建设任务。针对园区各产业重点项目，县内各领导管理部门积极配合引动项目实施，发改部门负责协调项目的申报、资金的整合；财政部门负责地方配套资金的落实；科技部门负责技能培训、技术的引进和推广；水务部门负责农田水利设施的建设；产业化办公室负责园区主要运营主体孵化、培育及监管；农机部门负责耕作机械的引进、推广，农机具补贴的实施；农牧部门负责畜牧生产指导；蔬菜部门负责蔬菜产业技术指导。金融、保险等有关部门紧密配合、各司其职、形成合力，落实工作责任，支持园区建设。

（二）运行管理机制

进一步理顺政府机构职能关系，正确处理政府、龙头企业、专家、农民各方关系，建立起“政府引导、企业运作、科技支撑、农民受益”的运行机制。以

政府行为为引导、龙头企业行为为核心、专家行为为依托、最终实现农民增收，实现政府、企业、专家、农民行为的有效结合，共同为隆尧千户现代农业园区的发展、为隆尧县经济社会的发展出谋划策。

二、服务水平和能力建设

（一）出台支持园区建设的政策意见

为保障园区规划顺利实施，谋划将园区建设列入邢台市“十三五”期间现代农业重点项目库，保障政策扶持、财政资金向园区倾斜。同时，结合隆尧县人民政府发布的《关于加快农业招商引资和提升农业产业化发展水平的实施意见》，出台符合千户园区的相关优惠政策，吸引具有品牌和战略优势、科技含量高的高端设施农业龙头企业落户园区，营造有利于农业园区建设与发展的外部环境，为产业发展提供政策保障。大力培育现代农业经营主体，县财政每年安排一定资金，专项用于扶持园区内市级以上重点农业龙头企业、农民专业合作社的发展。

（二）建立多渠道资金筹措渠道

1. 建立多元化的农业资金投入体系

增加农业投入，要坚持市场经济运作的思路，在投入机制上，要形成国家投入、地方配套、农业关联企业等经济实体和农户共同投资的多元化投资体系，多渠道、多层次、全方位筹集农业发展的资金。重点发挥政府财政资金投入的导向作用、地方配套的引子作用、龙头企业投资的主体作用，同时以民营投资为依托、信贷投入为补充，通过运用投资、税收、贴息、补贴等各种行之有效的手段，引导各种资金投入现代农业园区的发展。

2. 充分发挥政府资金投入的导向作用

加大财政对农业的投入，按照《中华人民共和国农业法》的规定，每年财政预算用于农业产业发展支出的计划安排和实际完成数的增长幅度，应分别高于财政经常性总支出计划安排和实际完成数的增长比例，确保财政每年对农业总投入的增长幅度高于财政经常性收入的增长幅度。重点加大对农业科研、基础设施、农技人员与农民培训、农产品促销、信息体系建设、生态环境建设等的投入。

3. 加大招商引资力度，吸引外来资金

充分利用国际、国内两个市场、两种资源，全方位扩大对外开放水平，进一步改善投资环境，积极拓宽招商引资渠道，广泛吸纳外来资本和民间资本，结合隆尧千户现代农业园区建设，建立滚动发展的招商项目库，推出一批具有发展前景的农业投资项目。作为招商引资的重点，努力吸引跨国公司、国内企业集团到隆尧县投资建设大项目。除举办重大经贸洽谈会、招商引资会以外，充分利用现代信息网络技术，把网站建设作为招商引资的重要窗口。

4. 积极争取国家专项资金和银行信贷支持

关注国家产业发展政策，按照国家产业发展要求，积极组织项目申报，争取国家项目支持，特别是要积极申报国家发改委、财政部、科技部、农业部等有关部委农业发展项目，争取更多的资金投入。除此之外，要积极争取银行信贷支持，重点用于扶持管理水平高、市场潜力大、经济效益好、带动能力强的龙头企业的发展。

6. 完善农业保障机制

筹备建立政策性农业风险保障资金，逐步建立政府支持、合作组织经办、农业企业和农户广泛参加的保险保障体系；不断改善农村金融服务，调动发挥各类金融机构的积极作用，加大农业信贷投放力度。

（三）强化科技支撑、加强园区人力资源保障

1. 加强与科研院所、高等院校的紧密合作

针对隆尧县目前还没有农业科研机构和高等院校的实际，积极主动地加强与国内外知名科研院所、高等院校的广泛联系，并与之建立紧密型的科技合作关系，围绕农业良种良法技术、农产品质量安全技术、动植物疫病防治技术、农业资源循环利用技术、农产品加工技术与工艺设备等现代农业技术，特别要在加强与中国农业科学院、中国农业大学、河北农业大学、等院校合作的基础上，明确隆尧千户现代农业园区建设的主要技术依托单位，建立以知名专家为核心的专家

顾问组织，积极研究和探讨依托科技发展隆尧千户现代农业园区的有效机制与发展模式，并通过制定特殊政策和采取多种形式，广泛吸纳专家和科研人员到隆尧县进行技术创新。

2. 加快新技术、新成果的推广应用

围绕现代农业园区优势产业生产、加工和市场流通，加快新技术、新成果的推广应用。加强新品种及配套新技术的引进和推广应用；推广应用以计算机、网络通信、精准农业等为重点的农业信息技术；推广应用以农业标准化、无害化生产、农作物病虫害综合防治、畜禽疫病防治等为重点的绿色生产技术；推广应用以节地、节水、节肥、节药等为重点的节约型农业技术；推广应用以生物肥料、生物农药等为重点的环境友好型农业技术和投入品；推广应用以农作物秸秆综合利用、农膜无害化处理及回收利用、畜禽粪便无害化处理、沼气工程等为重点的农业生态环境保育技术；推广应用以机械化、工厂化、设施化等为重点的农业新材料技术。鼓励和引导农产品加工企业积极引进国内外先进技术、工艺、设备和管理经验，通过新产品的自主开发和外部引入，不断延长产品加工链，拓展产品精深加工能力和科技含量；加快农业市场体系应用信息化技术升级改造，引导农业市场广泛采用标准化、规范化的设施设备和先进技术。

3. 强化职业农民教育培训

开展农民技能培训，以农村实用技术培训工作为重点，按照“政府推动、市场运作、部门配合、农民受益”的原则，引导农民自愿参加培训、自主选岗就业，实施灵活多样的新型农民技能培训计划。搭建农业人才创业平台，建立现代农业技术人才库，通过多种方式吸引国内外农业科技优秀人才入园区创业或开发项目，尤其在工作、生活条件等方面给予优惠待遇，营造拴心留人的良好氛围。发挥科技示范户的作用，在主导产业重点区域内的村，都要选择 1 户种养水平较高的农户作为科技示范户，落实农技人员联系指导。通过科技示范户的带动，促进先进适用农业技术推广，提高科技到位率。

4. 培育现代农业企业家

创造良好政策环境，培育、引进一批有远见、有能力、有责任的“三有”企业家创业发展，加强对绿色产业企业家的培训，推动产业发展的组织方式、创新能力、管理水平快速提高，促进绿色产业的健康良性发展。

（四）加强市场推广、推进品牌战略实施

加快“农业三品”（无公害农产品、绿色食品和有机食品）认证，把开展无公害、绿色和有机农产品认证，作为园区农产品品牌建设的重要内容，针对不同种类的产品以及同种产品不同品质的分别进行认证和注册。利用龙头企业带动和地方政府推动的形式，促进产品品牌的建立、塑造、提升与发展。

推进地理标志产品品牌建设，积极引导龙头企业参与地理标志认证。在地理标志商标的规范引导下，统一标准、统一商标、统一包装、统一营销，进一步促进园区农业品牌整体发展。另外，鼓励和引导龙头企业和专业生产合作社争创著名商标、驰名商标和商标品牌基地，不断提高地理标志产品的市场知名度和竞争力，积极争取国家地理标志产品保护示范县等项目资金。

加强市场营销和产品推广。通过县农业局或园区管委会等组织开展园区精品蔬菜、优质畜禽等农产品推介活动，积极参加农产品推介、交易和展示、展销活动。充分利用平面媒体、户外媒体、立体媒体、网络媒体等方式进行宣传，提高园区主要农产品的品牌知名度，促进农产品的品牌传播。实现与隆尧县农产品电子商务平台的对接，组织和引导龙头企业与淘宝、京东、当当等大型电子商务企业合作，定期开展隆尧县农产品网络展销活动。

三、建立监测体系

为准确掌握园区整体发展态势，必须建立园区建设效果跟踪评价制度。围绕规划的主要目标、建设任务、重大项目、重要政策的制订与实施等关键环节，分年度、分阶段组织开展评估工作。广泛进行专家评议和社会各界意见征求，及时汇总整理相关意见和建议，为协调规划实施、促进规划落实和推进阶段性工作提供决策依据。建立规划实施考核激励机制，按年度制订考核指标、考核分值和奖罚措施，细化分解园区建设任务，确保责任到部门、到园区、到个人。组织开展定期验收和不定期督查，及时通报各部门工作推进情况，总结建设经验和存在的问题，提出整改意见。点面结合，分类调查。根据实际情况，调查方式以全面调查为主、抽样调查和典型调查为辅的方法，采取条块结合的方式进行。调查范围涉及整个现代农业园区。

附　　表

附表1　重点建设项目实施进度安排

附表1-1　精品蔬菜建设项目实施进度

序号	项目名称	年份				
		2016	2017	2018	2019	2020
1	万亩规范化、标准化设施蔬菜基地建设项目	●	●	●	●	●
2	高档有机蔬菜基地建设项目	●	●	●	●	●
3	规范化脱水蔬菜基地建设项目	●	●	●	●	●
4	高档适销鲜食玉米、微型甘薯基地建设项目		●	●	●	
5	高标准、产业化传统项目露地蔬菜基地建设	●	●	●	●	●
6	设施瓜果采摘园	●	●	●		
7	试验示范基地与培训交流中心建设项目	●	●			
8	设施农业科技展示馆			●	●	●

注：●指进度中包括此项；余同

附表1-2　优质畜禽建设项目实施进度

序号	项目	年份				
		2016	2017	2018	2019	2020
1	种猪场建设项目	●	●	●	●	●

（续表）

序号	项目	年份				
		2016	2017	2018	2019	2020
2	基础母羊规模化扩繁及肥育场建设项目	●	●	●	●	●
3	生猪肥育场建设项目	●	●	●	●	●
4	林下柴鸡养殖项目	●	●	●	●	●
5	标准化蛋鸡养殖场建设项目	●	●	●		
6	沼气建设项目	●	●	●		
7	有机肥生产建设项目	●	●	●		

附表 1–3　交易物流建设项目进度安排

序号	项目	年份				
		2016	2017	2018	2019	2020
1	产地分拣包装基地	●	●	●		
2	鲜食玉米加工生产线建设项目			●	●	●
3	仓储物流基地	●	●	●	●	●
4	农产品产地批发市场		●	●	●	

附表 2　重点建设项目分年度投资估算

附表 2–1　精品蔬菜建设项目投资估算　单位：万元

序号	项目	年份					
		2016	2017	2018	2019	2020	合计
1	万亩规范化、标准化设施蔬菜基地建设项目（含有机蔬菜基地建设部分）	2 500	2 500	2 500	2 500	1 950	11 950
2	规范化脱水蔬菜基地建设项目	600	700	800	700	700	3 500
3	高档适销鲜食玉米、微型甘薯基地建设项目		20	30			50

（续表）

序号	项目	年份					
		2016	2017	2018	2019	2020	合计
4	高标准、产业化传统露地蔬菜基地建设项目	2 000	2 000	2 000	2 000	2 800	10 800
5	设施瓜果采摘园	50	50	60			160
6	试验示范基地与培训交流中心建设项目	80	20				100
7	设施农业科技展示馆			100	100	100	300
	合计	5 230	5 290	5 490	5 300	5 550	26 860

附表 2–2　优质畜禽建设项目投资估算　　单位：万元

序号	项目	年份					
		2016	2017	2018	2019	2020	合计
1	种猪场建设项目	300	300	200	100	100	1 000
2	基础母羊规模化扩繁及肥育场建设项目	200	200	100	100	100	700
3	生猪肥育场建设项目	200	200	100	100	100	700
4	林下柴鸡养殖项目	200	100	100	100		500
5	标准化蛋鸡养殖场建设项目	200	300	200			700
6	沼气建设项目	100	100				200
7	有机肥生产建设项目	400	400	300	200	200	1 500
	合计	1 600	1 600	1 000	600	500	5 300

附表 2–3　交易物流建设项目投资估算　　单位：万元

序号	项目	年份					
		2016	2017	2018	2019	2020	合计
1	产地分拣包装基地	180	2 200	2 000			4 380
2	鲜食玉米加工生产线建设项目			20	100	60	180
3	仓储物流基地	600	1 200	1 600	1 600	1 000	6 000

（续表）

序号	项目	年份					
		2016	2017	2018	2019	2020	合计
4	农产品产地批发市场		350	1 000	1 150		2 500
	合计	780	3 750	4 620	2 850	1 060	13 060

附表 3　重点建设项目经济效益分析

附表 3-1　精品蔬菜建设项目经济效益分析　　单位：万元/年

序号	项目	2020 年	2025 年
1	万亩规范化、标准化设施蔬菜基地建设项目（含有机蔬菜项目效益）	12 000	15 960
3	规范化脱水蔬菜基地建设项目	3 850	5 120
4	高档适销鲜食玉米、微型甘薯基地建设项目	500	660
5	高标准、产业化传统露地蔬菜基地建设项目	14 850	19 860
6	设施瓜果采摘园	150. 0	200
7	试验示范基地与培训交流中心建设项目	50	70
8	设施农业科技展示馆	150. 0	200
	合计	31 550	42 070

附表 3-2　优质畜禽建设项目经济效益分析　　单位：万元/年

序号	项目名称	2020 年	2025 年
1	种猪场建设项目	400	900
2	基础母羊规模化扩繁及肥育场建设项目	300	700
3	生猪肥育场建设项目	400	800
4	林下柴鸡养殖项目	250	500
5	标准化蛋鸡养殖场建设项目	350	600
6	沼气建设项目	130	300
7	有机肥生产建设项目	600	1 000
	合计	2 430	4 800

附表 3-3　交易物流建设项目经济效益分析　　单位：万元/年

序号	项目名称	2020 年	2025 年
1	产地分拣包装基地建设项目	4 800	6 000
2	鲜食玉米加工生产线建设项目	320	500
3	仓储物流基地建设项目	3 800	4 500
4	农产品产地批发市场建设项目	27 000	36 000
	合计	35 920	47 000

第三篇

隆尧柏人休闲农业园区总体规划

第一章　规划背景与依据

一、项目背景

隆尧柏人休闲农业园区为邢台市市级现代农业园区。柏人休闲农业园区规划总面积5.5万亩，拥有耕地4.12万亩，涉及双碑乡全部17个行政村3.16万人。园区位于隆尧县西部，以双碑乡为依托，是隆尧、内丘交界之地。西距京港澳高速公路入口2千米，距京广铁路、107国道6千米，交通网路四通八达。隆昔线（S328）、尹大线贯穿园区，地理位置优越，交通十分便利。

柏人休闲农业园区的主导产业以休闲农业、苗木、乡村旅游为主。

园区投资8 416万元，新修园区内交通路网22千米，6个村煤改气978户，园内具有良好的农业生产条件和种养殖基础，2016年11月被评为市级农业园区。现拥有河北红沙峪林果有限公司、安益农业、腾凤农业、如山农业、立雄农场等规模化农业企业9家，涵盖林果苗木种植、林下养殖、设施果蔬、林间农家院等现代休闲农业项目。主要产品包括核桃、油桃、苗木、设施蔬菜和林下养殖等，种植核桃近万亩，苗木2 700亩，设施蔬菜1 920亩。园区内建设高标准鸡舍1 000米^2，林下散养鸡30 000余只，并初步形成柴鸡、大鹅、澳洲灰雁饲养基地。园区内拥有专业种植合作社52家，农户参加新型经营主体达到80%以上，初步实现了农业集约化、规模化发展；园区企业采取“公司+合作社+农户”的方式，一二三产业深度融合。成功创建省级林业重点龙头企业1家（红沙峪）、市级农业产业化龙头企业2家（红沙峪、如山农业），红沙峪公司被列为河北省“国土资源土地开发”项目、国家农业综合开发“产业化经营”项目、“省级观光采摘园”，核桃产品先后通过“绿色食品”“有机产品（转化期）”认证。

园区管委会引进北京启迪桑德公司投资2亿元，占地1 500亩，实施柏人休闲农业园区田园综合体PPP项目，融汇现代休闲农业与文创旅游项目于一体，目前已完成项目入财政厅PPP项目库工作。

园区拥有2600年的古城遗址、李氏先祖李昙墓、樊腾凤公园等旅游景点，现已具备乡村旅游的条件，世界李氏恳亲大会2018年年会暨隆尧县首届旅发大会已于2018年10月18日在隆尧县柏人休闲农业园区举行。

（一）项目提出背景

在我国经济步入新常态、农业农村发展进入新阶段的背景下，农业发展方式转型成为我国现代农业发展的重点课题。党的十八届五中全会通过的《中共中央关于制定国民经济和社会发展第十三个五年规划的建议》中也同样指出，今后五年，要着力构建现代农业产业体系、生产体系、经营体系，提高农业质量效益和竞争力，推动粮经饲统筹、农林牧渔结合、种养加一体、一二三产业融合发展，走产出高效、产品安全、资源节约、环境友好的农业现代化道路。2016年一号文件《关于落实发展新理念加快农业现代化实现全面小康目标的若干意见》中进一步提出“必须充分发挥农村的独特优势，深度挖掘农业的多种功能 培育壮大农村的新产业新业态，推动产业融合发展成为农民增收的重要支撑，让农村成为可以大有作为的广阔天地”。《中国国民经济和社会发展第十三个五年规划纲要》中同样提出“推进农村一二三产业融合发展，……积极发展农产品加工业和农业生产性服务业。拓展农业多种功能，推进农业与旅游休闲、教育文化、健康养生等深度融合，发展观光农业、体验农业、创意农业等新业态。”

在现代农业发展方式转变中，开发农业多种功能、推进农业产业链和价值链建设、促进一二三产业融合，成为提高农业综合效益的重要途径。生态休闲农业是一种以农业和农村为载体的新型生态旅游业，积极开发农业和农村蕴藏的自然生态、生产生活、民族风情等休闲旅游资源，发展休闲农业与乡村旅游，有利于促进城乡交流，满足人们多层次、多元化的消费需求，对于统筹城乡经济社会发展、建设和谐社会、推进社会主义新农村建设具有重要的现实意义，是推进城乡一体化发展的重要举措。2014年12月，农业部印发了《关于进一步促进休闲农业持续健康发展的通知》，通知提出“到2020年，力争使休闲农业成为促进农业增效、农民增收、农村环境改善的支柱性产业”的目标。2015年9月，农业部发布《关于积极开发农业多种功能 大力促进休闲农业发展的通知》，通知中指出发展休闲农业的总体要求：紧紧围绕促进农业提质增效、农民就业增收、居民休闲消费的目标任务，以农耕文化为魂，以美丽田园为韵，以生态农业为基，以创新创造为径，以古朴村落为形，将休闲农业发展与现代农业、美丽乡村、生态文明、文化创意产业建设、农民创业创新融为一体，注重规范管理、内涵提升、公共服务、文化发掘和氛围营造，推动农村一二三产业的融合发展。

随着京津冀一体化战略的推进，北京非首都功能的疏解、河北生态环境的建设，都为河北的休闲农业发展提供了巨大的发展空间。2015年，河北省农业厅出台《关于加快发展休闲农业的意见》，意见提出发挥休闲农业在转方式、调结构中的重要作用，围绕特色产业发展，加强休闲观光功能培育和打造，促进产业融合。提出到2017年，实现100个省级现代农业园区休闲功能全覆盖，支持建设1~2个农业主题公园，培育10条特色休闲农业观光带。在此基础上，以环京津地区为重点，创建十佳现代休闲农业园区，推出30条以“农业、农村、农事”为特色的高品质农业休闲观光线路。河北省委、省政府最新发布的《关于落实发展新理念加快农业现代化的实施意见》在论述推进农业供给侧结构性改革中重点提出大力发展休闲农业和乡村旅游，依托农村绿水青山、田园风光、乡土文化等资源，推进农业与旅游、教育、文化、健康养老等产业深度融合，大力实施休闲农业和乡村旅游工程，加快发展休闲度假、旅游观光、养生养老、创意农业、农耕体验，重点建设一批特色小镇、魅力村庄和健康养生基地，打造一批休闲农业与乡村旅游示范县与示范点。到2020年认定100个休闲农业和乡村旅游示范带，建成30条农业休闲旅游精品线路。

隆尧县地处太行山东麓、河北省中南部、华北平原腹地，全县土地面积749千米^2，辖6镇6乡，人口51.9万人。2015年，全县生产总值达到90.3亿元，全部财政收入达到6.5亿元，城乡居民人均收入分别达到20 395元和9 510元。隆尧县有悠久的历史，丰富的旅游资源。尧山历史悠久，是邢州九县之一，尧帝在此封疆，被称为“唐尧故土”，是李唐氏族的发源地，涌现出战国名将李牧、后周皇帝郭威、柴荣、隋翻译家彦琮等名人志士。隆尧县有唐祖陵、柏人城等国家级文物保护单位，隆尧秧歌、招子鼓、泽畔抬阁被列入国家级非遗名录。“十三五”规划中提出，重点推进文化旅游产业的发展，把文化旅游的开发作为隆尧县对外开放的窗口和解放思想的桥梁，加大旅游资源开发和整合力度，实现隆尧县历史文化与现代休闲旅游业的有机结合，积极引进战略投资者，高起点、高标准搞好尧山、唐祖陵、柏人城址、任敖墓、地震纪念碑等旅游景区的规划建设，加强旅游网络建设，加快与邢台、临城、内丘、柏乡等周边县市景区、景点的对接，逐步融入河北特色文化旅游经济圈。在《隆尧县现代农业发展规划（2016—2020）》中，休闲农业作为现代农业重点发展的六大产业之一被提出，其发展思路为：结合美丽乡村建设工程，全力打造柏人文化园区、尧山旅游区、泜河生态涵养及综合开发、荷塘月色嘉年华，充分培育和利用隆尧品牌，挖掘隆尧历史文化底蕴，完善餐饮、住宿、娱乐、商贸等配套服务体系，不断提升服务档次和水平，打造别具特色的休闲农业与乡村旅游示范点，促进美丽乡村与现代农业协同发展。

隆尧柏人休闲农业园区是隆尧县“十三五”期间农业产业重点建设的三大园区之一，依托双碑乡现有林果、苗圃、蔬菜、休闲农业产业的基础，充分挖掘李昙家族墓群、柏人城遗址两大历史文化资源内涵，打造一个集文化旅游、休闲观光、生态体验等多种功能为一体的现代休闲农业园区，故隆尧人民政府委托中国农业科学院农业资源与农业区划研究所编制本规划。

（二）规划意义

1. 是挖掘农业多功能性、推进隆尧县旅游产业发展的需要

进入21世纪，伴随着人类生产、生活方式的变化及乡村城市化和城乡一体化的深入，农业已从传统的生产形式逐步转向景观、生态、健康、医疗、教育、观光、休闲、度假等方向。隆尧柏人休闲农业园区充分挖掘现代农业的多功能性，在传统农业生产功能的基础上，将双碑李昙家族墓群、柏人城遗址等历史文化符号与现代农业相融合，拓展现代农业的创意、休闲、度假、养生功能，是邢台文化产业、旅游产业与现代农业融合发展的样板。

2. 是依靠科技发展高效农业、推进当地农业产业化经营的需要

园区以生态林果、观赏花卉、精品蔬菜产业为切入点，以农业高新技术成果

的“孵化”为动力，引进高效节水灌溉技术、现代温室调控技术、立体无土栽培技术、病虫害生物防治技术等先进农业生产方式，发展集约化、规模化、高效、安全的现代农业，有利于加快国内外农业高新技术成果的引进与试验示范。

3. 是保障当地生态涵养和生态文明建设的需要

园区所在地双碑乡传统主导产业之一为石膏产业，产业的发展导致部分矿区塌陷，同时该乡又是隆尧县水资源缺乏区，生态环境脆弱。园区的建设一方面注重当地原始生态的维护、修复和开发，另一方面通过主导产业选择和高效节水灌溉技术的推广应用，改善园区生态。园区主要规划发展产业为设施农业和生态林果、观赏花卉、绿化苗圃产业，限制工业发展，对于养土育林、涵养水源等方面具有积极的推动作用；项目的建设对于推行低碳旅游和绿色消费，探索生态与旅游经济协调发展的新路子，保障隆尧县的生态安全，构建生态文明社会具有重要意义。

4. 是带动农民致富、加快区域经济发展重要载体

为适应农业和农村经济发展新阶段的要求，必须大力推进农业和农村经济结构战略性调整，全面提高农业和农村经济的素质和效益，增加农民收入，这是我国农业和农村经济发展新阶段的中心任务。要增加农民收入，必须发展高效农业，实现高科技、高投入、高产出。

本项目建设的是一个以农业观光和精品生产相结合的园区，总占地面积 5.5 万亩，园区内产业涉及设施种植、休闲旅游等诸多方面，为农村剩余劳动力提供了大量的就业机会，带动当地农民增收致富，带动区域经济发展。

二、规划依据

(1)《中华人民共和国国民经济和社会发展第十三个五年规划纲要》。

(2) 中共中央、国务院《关于落实发展新理念加快农业现代化实现全面小康目标的若干意见》(2016 年中央一号文件)。

(3) 中共中央、国务院《关于加大改革创新力度加快农业现代化建设的若干意见》(2015 年中央一号文件)。

(4) 中共中央、国务院办公厅《关于推进农村一二三产业融合发展的指导

意见》(国办发〔2015〕93 号)。

(5)《关于积极开发农业多种功能 大力促进休闲农业发展的通知》(农加发〔2015〕5 号)。

(6)《关于进一步促进休闲农业持续健康发展的通知》(农加发〔2014〕4 号)。

(7)《中华人民共和国基本农田保护条例》。

(8)河北省委、省政府《关于落实发展新理念加快农业现代化的实施意见》(冀发〔2016〕1 号)。

(9)河北省农业综合开发办公室《关于创建现代农业综合开发示范区的通知》(冀农发办〔2012〕号)。

(10)河北省委办公厅、省政府办公厅《关于加快现代农业园区发展的意见》。

(11)《河北省农业厅关于加快发展休闲农业的意见》(冀农保发［2015］4 号)。

(12)《邢台市现代农业规划(2015—2020 年)》。

(13)《关于支持农业招商引资 加快农业产业化发展的实施意见》(邢政〔2014〕7 号)。

(14)中共隆尧县委 隆尧县人民政府《关于加强农村土地经营权流转服务体系建设鼓励支持农村土地经营权流转的实施意见》(隆字〔2015〕29 号)。

(15)隆尧县人民政府《关于加快农业招商引资和提升农业产业化发展水平的实施意见(试行)》(隆政发〔2015〕11 号)。

(16)《隆尧县土地利用总体规划(2010—2020 年)》。

(17)《隆尧县国民经济和社会发展第十三个五年规划纲要》。

(18)《隆尧县城乡总体规划(2013—2030 年)》。

(19)《隆尧县交通运输“十三五”发展规划》。

(20)《隆尧县“十三五”期间水利发展规划》。

(21)《隆尧县政府工作报告》(2016 年)。

(22)《隆尧县志(2008)》。

(23)隆尧县双碑乡基础调研其他相关数据、资料。

三、规划范围与期限

（一）规划范围

该园区规划包含整个双碑乡。双碑乡位于隆尧县西部，北部与尹村镇以泜河为界，南部接东良乡，西邻内丘县。总面积 5.5 万亩，人口 3.16 万人，耕地面积 4.1 万亩，人均耕地 1.3 亩，辖 17 个行政村。

（二）规划期限

规划期限为 2016—2020 年，对期间建设任务、发展目标和效益预测做出详细规划。根据园区发展趋势，展望 2025 年园区可产生效益。

第二章　规划基础与条件

一、自然与经济社会状况

（一）农业自然条件

1. 气候资源

园区属暖温带亚湿润大陆性季风型气候。四季分明，春季干燥多风，夏季炎热多雨，秋季温和凉爽，冬季寒冷少雪。年平均气温 13℃，极端最高气温 42.5℃，极端最低气温-24.8℃（图 2-1）。全年无霜期平均为 193 天。平均年降水量 491.3 毫米，年降水量最多为 900.2 毫米，最少为 249.6 毫米，夏季平均降水量 327.9 毫米，占年降水量的 67%（图 2-2）。全年日照时数平均 2 142.9小时，太阳年辐射总量 128.5 千卡/厘米^2。无低温冻害，灾害性气候少，适合农作物生长。

2. 地形地貌

双碑乡自然条件优越，全乡地势西高东低，岗坡迭起，平原、岗坡相间，海拔在 25~60 米。

3. 土壤条件

园区大部分区域土壤类型为沙壤质底壤潮化褐土、沙壤质石灰性褐土和含砾石灰性褐土 3 种。区域土壤养分含量较高，耕层有机质含量在 10.1~13.5 克/千克，适宜林果等农产品生产。

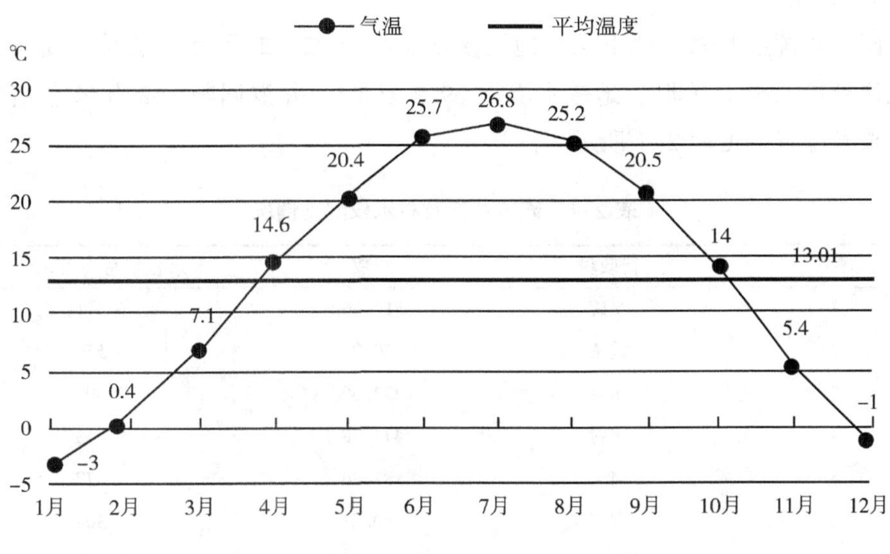

图 2-1　园区气温（℃）

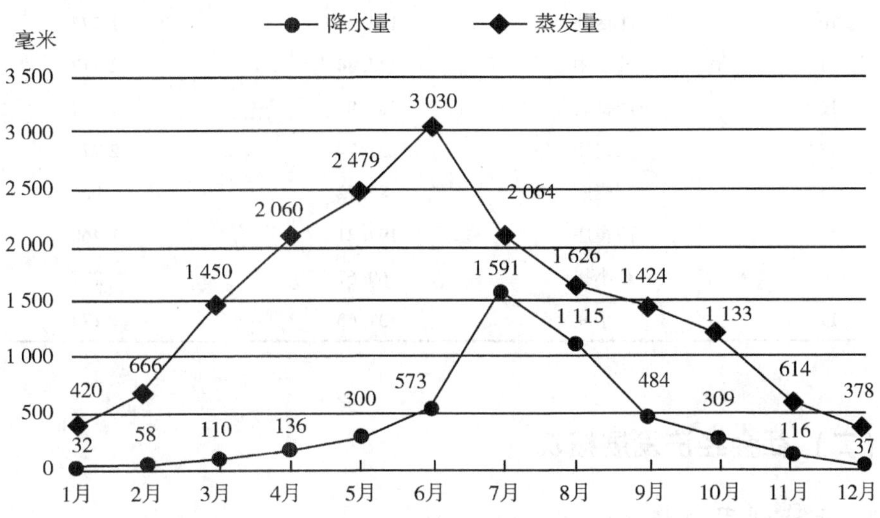

图 2-2　园区降水及蒸发情况（毫米）

4. 水资源条件

园区水源主要来自地下水，地下淡水总补量 324.2 万米^3，分为三部分：降水入渗补给 535.4 万米^3，地表水渗漏 69.2 万米^3，井灌回归 142 万米^3。各行政村水权及配置情见表 2-1 所示。

表 2-1　园区各行政村水权配置情况

序号	行政村	户数	水权汇总（万米^3）
1	双碑	512.36	3 511
2	城角	150.99	1 570
3	亦城	272.69	2 602
4	北村	471.78	4 843
5	岗头	87.36	677
6	木花	440.61	4 309
7	里南庄	166.89	1 008
8	里王街	77.52	1 082
9	里边街	216.18	1 407
10	西良前	152.23	1 777
11	西良中	142.84	2 117
12	西良后	364.81	1 629
13	大崔庄	227.74	2 227
14	东崔庄	85.72	966
15	西崔庄	197.21	1 460
16	东小崔	69.67	227
17	西小崔	31.63	174

（二）社会经济发展概况

1. 土地利用现状

园区土地总面积 5.5 万亩，其中耕地面积 4.12 万亩、林地面积 0.08 万亩、草地面积 0.19 万亩，耕地、林地、草地面积分别占总面积的 74.95%、1.43%、

3.43%。双碑乡矿区塌陷区占地面积约 0.2 万亩，涉及木花村西、西良村北、双碑村东南等范围，在园区规划中需要合理修复利用。北村、双碑、木花、西良后、亦城耕地面积较大，只有双碑、城角、里边街 3 个村目前有园地，双碑、北村、大崔庄林地面积相对较大。具体见表 2-2 所示。

表 2-2　园区各行政村农用地利用现状　　单位：亩

序号	行政村	耕地	园地	林地	草地
1	双碑	5 058.00	11.4	290.25	522.15
2	城角	1 558.65	3.75	0.00	215.70
3	亦城	3 081.45	0.00	5.55	186.45
4	北村	5 481.30	0.00	135.60	160.20
5	岗头	1 030.80	0.00	0.00	33.60
6	木花	5 030.40	0.00	0.00	25.80
7	里南庄	1 898.85	0.00	74.10	0.00
8	里王街	776.40	0.00	6.30	12.30
9	里边街	2 499.75	18.60	0.00	335.10
10	西良前	1 603.50	0.00	0.00	51.15
11	西良中	1 659.30	0.00	0.00	55.35
12	西良后	4 545.90	0.00	0.00	8.25
13	大崔庄	2 320.50	0.00	194.40	188.25
14	东崔庄	1 011.90	0.00	14.70	0.00
15	西崔庄	2 307.75	0.00	64.20	51.45
16	东小崔	967.20	0.00	0.00	0.00
17	西小崔	407.10	0.00	0.00	0.00
合计		41 238.75	33.75	785.10	1 886.70

2. 社会经济发展现状

2015 年，全县生产总值达到 90.3 亿元，全部财政收入达到 6.5 亿元，城乡居民人均收入分别达到 20 395元和 9 510元。

园区内总涉及人口 3.16 万人，2015 年，园区农业总产值实现 29 960万元，其中种植业产值 15 298万元，林业产值 466 万元，畜牧业产值 13 066万元。

3. 农业基础配套设施

园区水力设施较完善，现有机井 1 000多眼，仅在部分区域岗坡地灌溉尚存在一定困难。园区内有 110 千伏安变电站 1 座，目前已 1/3 负荷进行运转，能够满足使用。园区水力设施较完善，鉴于园区现状存在部分灌溉盲区，需要新建部分灌溉设施，同时配套建设相应的供电设施与供电线路。园区内农机总动力 15. 5 千瓦，有联合收割机 317 台，大型拖拉机 917 台，配套农机具 5 000台，农业生产活动基本实现机械化，综合机械化率达到 85%。

4. 人口数量及素质

园区内有 7 511 乡村户数，总人口达 3. 16 万人。乡村劳动力资源数中男女比例约为 1. 1 : 1，乡村从业人员 1. 1 万人，从事农业的人员占乡村总从业人员的 32. 4%，高中以上文化水平的从业人员占总从业人员数的 8. 7%（表 2-3）。

表 2-3 园区各行政村人口现状

单位：人

乡村名称	总户数	人口	乡村名称	总户数	人口
双碑	860	3 511	西良前	420	1 777
城角	368	1 570	西良中	506	2 117
亦城	630	2 602	西良后	383	1 629
北村	1 196	4 843	大崔庄	534	2 227
岗头	141	677	东崔庄	214	966
木花	1 060	4 309	西崔庄	340	1 460
里南庄	226	1 008	东小崔	37	227
里王街	243	1 082	西小崔	27	174
里边街	326	1 407			

二、产业发展现状分析

（一）园区产业发展现状

1. 农业产业

2015 年，粮食作物播种面积 5. 64 万亩，其中小麦播种面积 2. 52 万亩，单产达 480.71 千克/亩；玉米播种面积 2.53 万亩，单产 456.42 千克/亩。豆类和薯类播种面积比其他乡镇播种面积大、单产高。2015 年，双碑乡蔬菜播种面积 6 750亩，其中露地蔬菜 4 830亩，设施蔬菜面积 1 920亩，总产量达到 3.24 万吨，蔬菜主产区包括西良、崔庄、东小崔、西小崔等行政村。经济水果以红沙峪薄皮核桃为主，总面积 3 975亩，产量 171 吨，占全县核桃总产量的 57%。境内现有红沙峪特色示范园区，成为林果、苗圃、养殖、休闲观光等产业亮点。

2. 休闲农业产业

目前园区有 4 家休闲农业企业，以发展苗圃、特色果木种植、高效农业、拓展训练、农家乐为主要经营项目。年接待旅游人次不足 5 万人，旅游收入不足 100 万元。园区农业发展方向以休闲农业和品牌农业为主，但目前发展现状相对滞后，缺乏竞争力，亟待加强。

（二）园区产业化经营现状

双碑乡现有注册专业合作社共 51 家，初具规模的农业企业 4 家，分别为河北红沙峪林果开发有限责任公司、邢台腾凤农业科技有限公司、邢台如山农业科技有限公司、立雄家庭农场。河北红沙峪林果开发有限责任公司流转土地 3 000 多亩，由村集体和公司签订为期 50 年的土地长期租赁合同，以种植核桃、油桃、草莓为主，以丰水梨、山楂、猕猴桃、葡萄、甜瓜等时令瓜果为辅，林下散养柴鸡 25 000只，还有 2 000余米^2 的鱼塘供游客垂钓。红沙峪现已发展成集垂钓、餐饮、住宿、观光旅游为一体的现代农业企业。邢台腾凤农业科技有限公司流转土地 1 200亩左右，地势平坦，自然条件优越，项目用地范围内均为农田，目前主要种植玉米、小麦作物。邢台如山农业科技有限公司现流转土地 1 027亩，其中种植景观苗木 400 余亩，种植玉米 600 余亩，办公场所 4 500米^2。立雄家庭农场流转土地 700 余亩，目前培育国槐、皂角等观赏绿化树苗 10 多种，共计 200 多万株。

这四家企业都采用租赁制流转方式，但这四家企业之间没有形成利益共同体。红沙峪林果开发有限责任公司是相对市场开拓能力大、产业带动能力强的市级农业产业化重点龙头企业，该公司采用集约化经营，以“公司+基地+农户”的订单经营模式，与所在地周围 6 个自然村的 1 085户农民直接签订订单合同，公司为农户提供树苗和技术，并负责产品统一销售。

（三）园区基础设施配套现状

1. 农田水利

园区现有农用地面积4.12万亩，利用现状已有机井抽取地下水，采用常规地面灌溉方式灌溉，其中水浇地3.92万亩，旱地0.2万亩，现有机井1 000多眼，部分区域岗坡地灌溉尚存在一定困难。灌溉覆盖率达到76%左右，但是普遍存在工程总量不足、规模偏小、建设标准低、配套设施不完善、覆盖率低、设施老化及损坏严重等问题，同时常规的灌溉方式对水资源的浪费比较严重，亩均灌溉用水量为200~240米^3，考虑到园区农作物主要是粮油、果树，这样的灌溉方法耗水量大，水资源利用效率亟待提高。

2. 电力设施

园区内电力设施完善。园区内有1座110千伏安变电站，供电资源充裕、安全可靠。园区供电设施主要是为灌溉机井提供电力，现状为每眼机井配备50~60千瓦的变压器，鉴于园区现状存在部分灌溉盲区，需要新建部分灌溉设施，同时配套建设相应的供电设施与供电线路。

3. 道路交通

园区基础道路路网设施较为完善。园区西距京港澳高速公路3千米，距京广铁路、107国道6千米，北邻南郝公路（S327），南接隆昔线，交通网络四通八达，园区对外交通运输条件十分便利。园区内部各村之间基本实现了全线路面硬化，但园区内部分道路破损，同时配套交通设施缺乏，园区内部交通需要加强。

4. 设施农业

园区设施农业发展基础相对薄弱，设施农业以设施果菜生产为主，生产方式相对单一。

5. 产后加工储藏

目前，园区农产品加工以初级加工方式为主，农产品仓储设施基础较薄弱，目前尚无上规模的农产品深加工基地和农产品物流基地。

三、园区建设的有利条件及制约因素

（一）有利条件

1. 区位交通条件优越

双碑乡是隆尧县距邢台市最近的一个乡镇，西距京港澳高速公路 3 千米，距京广铁路、107 国道 6 千米，北邻南郝线，南接隆昔线，交通十分便利。

2. 深厚的历史底蕴

双碑乡历史悠久，名人辈出。李昙是战国时期赵国名将，因屡建奇功，被封为柏人侯。李昙有 4 个儿子：李崇、李辩、李昭和李玑。其中，李昙的长子李崇，西去陇西，其子孙繁衍为陇西李；四子李玑在当地，后世子孙支庶繁多，世居古柏人城周围，开创了赵郡李。柏人城与汉高祖刘邦的故事也广为流传。范氏一世祖居信德府尧山县范解岗（今双碑乡境内），四世祖为范邦彦，是宋朝著名爱国词人辛弃疾的岳父。辛弃疾与范邦彦之子范如山关系甚密，赠酬之作也较多，历史中留下佳话甚多。

3. 丰富的旅游资源

历史遗址遗迹有古柏人城遗址、李昙家族墓群、樊腾凤故居等。柏人城遗址位于亦城、城角二村周围，是古代的兵家必争之地，该地原系春秋时期的柏人邑。西汉时，由汉高祖刘邦始建柏人县。距今 2 600余年历史，是华北地区现存最大、最悠久的古城池，目前还保留有东、西、南部分城墙。2013 年 5 月，柏人城被国务院公布为全国第七批重点文物保护单位。李昙家族墓群在柏人城遗址西 900 多米的里王街村北，该墓葬群分布较为集中，均为竖穴式圹墓。李昙家族墓的发现，对陇西李、赵郡李两大李姓支系的研究将起到积极的促进作用。2016 年，隆尧启动柏人侯李昙文化园重修工程。樊腾凤墓位于西良村，樊腾凤为清初《五方元音》的作者，村内有樊腾凤故居，但已坍塌，村西有樊腾凤墓地及墓碑。2006 年建成樊腾凤文化纪念广场，占地 5 080米^2，广场中央有樊腾凤铜像 1 座，周围是《五方元音》字典壁画。

4. 得力的政策支持

近年来，河北农业厅将休闲农业发展与现代农业园区、美丽乡村建设、农村面貌改造提升行动协同推进，以现代农业园区为载体，着力培育特色休闲农业观光带和现代休闲农业园区，从财政资金、金融信贷、用地政策等角度积极扶持现代农业园区的建设。现代农业是隆尧县重点发展的四大产业之一，县委、县政府以土地优惠、税费减免、财政扶持等政策吸引县外工商资本和人才来本县参与特色产业开发。作为重点打造的三大现代农业园区之一，县政府对园区的建设大力支持，给予进驻企业许多优惠政策，鼓励入园。2015 年，双碑乡对历史文化线索进行了一次全面搜集整理，有利于园区的历史文化渗透，突出柏人休闲农业园区独有的文化内涵。

5. 广阔的市场空间

2015 年 4 月，京津冀三地农业主管部门签署了《京津冀现代农业战略合作协议》，加强京津冀三地农业融合发展，进一步促进京津冀现代农业一体化战略发展。园区位于河北省邢台市，地处北方最大、最发达的都市圈——京津冀都市圈之内，为园区休闲农业发展提供了广阔的市场空间。

（二）制约因素

1. 水资源短缺

水资源短缺、超采地下水引起的区域生态环境恶化，成为严重制约隆尧县农业发展的一大因素。隆尧县人均水资源量为 142.7 米^3，仅为邢台市人均水平的 2/3，相当于全国人均水平的 1/30。园区地处隆尧县最缺水的西部地区，水资源短缺已成为制约其现代农业发展的重要因素。

2. 利益联结机制不全

园区农业龙头企业少，企业和农户利益联结不够紧密，农户收益不稳定，产业链条有待于进一步完善。

3. 历史文化、旅游资源利用不足

双碑乡历史悠久，旅游资源丰富，文物古迹众多，古柏人城遗址、李昙家族墓群、樊腾凤故居、汉墓群等文物古迹均有开发价值，但缺乏整体规划和深度挖掘，尚处于初步开发阶段，园区的文化内涵有待于进一步拓展。

四、功能、产业和战略定位分析

隆尧柏人休闲农业园区应依托双碑乡李氏文化资源，扩大“李氏故里”品牌影响力，充分挖掘李昙家族墓群、柏人城遗址两大历史文化资源内涵，将其打造成一个集文化旅游、休闲观光、生态体验等多种功能为一体的现代休闲农业园区。

第三章　指导思想、规划原则、发展定位和建设目标

一、指导思想

依据党的十八大“五位一体”战略布局、中央一号文件三产融合发展及河北省委、省政府《关于加快现代农业园区发展的意见》相关要求，以市场为导向，以现代农业园区辐射和带动区域经济发展为目标，依托双碑乡区位交通、自然生态、历史文化和产业基础优势，建设现代设施农业与创意文化体验项目，形成文化引领、体验主线、高效生态、精品生产的现代农业产业模式，实现现代农业发展的多功能性，促进农业增效，带动农民增收，改良生态环境，推进园区现代农业产业快速发展。

二、规划原则

（一）挖掘固有历史文化，衍生创意型农耕文化，塑造独特个性

在园区规划设计时，对双碑乡历史文化题材应有充分的包容性，无论是提炼双碑乡历史文化符号，还是衍生本土农耕、创意文化或现代农业科技文化，都将是园区文化个性的一部分，通过整合、融合，各类文化将逐步发展为一种更具整体性与独特个性的、专属于柏人休闲农业园区的创意型农耕文化。在园区规划中，主要体现隆尧柏人文化、李氏文化和腾凤文化等历史文化、双碑本土乡野农

耕文化、现代农业高科技和创意文化以及传统自然主义农耕文化四大主体文化。

（二）优化项目形态，促进生产、生态、旅游三种功能高度融合

农业生产、生态恢复、创意文化旅游三种功能的融合是本园区规划建设的重要特点，这种融合既有利于各种功能充分发挥，同时还能降低各产业功能实现成本。

规划中拟开辟多元渠道，融当地生态恢复工程于现代农业生产、休闲观光、创意旅游活动之中；充分考虑农业设施的景观化和可参与体验化、提高其旅游服务能力等多种方式促进基地不同功能定位的相互融合发展。

（三）实行农业产业结构调整，提高新老模式融合度

园区内已形成一定规模的农业产业体系，包括林果产业、绿化苗圃、露地蔬菜、粮食产业等，在此基础上建设现代农业园区，应高度重视新老发展模式的融合，避免对现有生产经营活动造成明显冲击，损害项目可持续发展能力。由此出发，园区应执行有机更新的发展模式，采用打补丁、板块替换等方式逐步向更加完善与高标准的现代农业产业基地过渡。

（四）重视农业科技投入，充分发挥科技溢出效应

科技是现代农业发展最关键的驱动因素，作为现代农业园区，必须起到生产示范和核心带动功能，必须体现出对科技的高度重视。这既有利于提升当地的产业水平、效率，也将通过科技溢出，对整个隆尧县的农业产业现代化起到催化作用。

（五）重视品牌建设，打造双碑农业知名产品

现代经济、产业竞争的重要形式是品牌竞争，这在农业产业领域也不例外，从国内外以及河北农业产业发展经验看，品牌建设在产业整体提升中占有关键地位。农产品实现价值提升，品牌的作用显而易见。

三、发展定位

充分挖掘李昙家族墓群、柏人城遗址两大历史文化资源内涵，弘扬隆尧李氏

文化，将园区打造成为集文化旅游、休闲观光、生态体验等多功能于一体，多产业集聚发展的“宜游、宜农、宜居”复合型生态农业休闲体验区，使园区成为河北休闲农业和文化旅游重要节点。开展文化产业、旅游产业与农业相结合之路的有益探索，实现经济效益和生态效益双丰收，辐射带动周边现代农业的发展。

四、建设目标

按照《省委办公厅省政府办公厅关于加快现代农业园区发展的意见》要求，结合本地实际，从主导产业发展、基础设施建设、科技进步、产业融合、利益联结机制、综合效益、质量安全和生态环保等角度，提出本园区规划期内具体建设目标。

（一）主导产业发展目标

到2020年，园区年接待文化旅游及休闲观光游客数量力争达到10万人次，总收入达到8 650万元。完成核桃8 000亩，桃、梨等其他果树1 300亩，绿化苗木1 400亩，设施林果100亩，观赏花卉100亩，精品设施蔬菜500亩等基地的建设。

（二）基础设施建设目标

结合美丽乡村建设工程，完成木花、城角、双碑、里南庄等9个行政村“四美五改”专项整治行动；园区水电路绿化等基础设施基本完善；建成精品蔬菜、生态林果农业设施600亩。

（三）技术进步目标

到2020年，农业科技引领带动辐射能力明显增强，农业技术推广普及率达到90%以上，主要农作物良种覆盖率达到98%以上；年培训新型农村实用人才3 000人次，农业科技贡献率达到75%以上；“三品一标”农产品比例大幅提升；创建全国知名农产品品牌1个以上，省级农产品品牌2个以上。

（四）产业融合目标

基本实现一产与三产融合发展，以文化创意休闲农业产业向前延伸拉动农业种植产业的高效发展。

（五）利益联结机制目标

加快培育具有市场竞争力的产业化龙头企业和科技型农民合作化组织，发展市级以上农业龙头企业 3 家，发展省级农民专业合作示范社 1 家、市级示范社 2 家。探索完善“龙头企业+合作社+农户”“家庭农场+合作社+龙头企业+农户”“园区+合作社+基地+农户”等产业化运营模式，构建新型经营主体与合作社、农户的利益联结机制和分配机制。

（六）综合效益目标

到 2020 年，园区农业总产值达到 8 650 万元，年均增长 10%以上，园区主要经济指标高于同类地区 35%；人均产值高于同类地区平均水平 30%；带动周边农民收入增长 20%以上。

（七）质量安全目标

到 2020 年，园区建立起较为完善的农产品质量安全监测体系及农产品质量安全追溯系统，农产品质量安全得到有效监管，农产品质量安全合格率达到 100%；加快推进“三品一标”农产品认证，树立 3～4 个省级以上农产品著名品牌。

（八）生态环保目标

资源节约型、环境友好型农业生产体系基本形成，农业资源和环境得到较好保护，农业废弃物综合利用能力进一步提高，农业面源污染得到有效控制。到 2020 年，测土施肥覆盖面积达到 90%以上，主要农作物秸秆综合利用率达到 95%以上，农田灌溉水资源有效利用率达到 0. 7，化学农药使用数量减少 30%，高效、低毒、低残留农药应用普及率达到 50%。

第四章　园区布局和建设内容

一、产业发展方向与重点

依托双碑乡自然条件、文化底蕴、旅游资源、产业基础和政策导向，依托农业一产，重点打造文化旅游、休闲观光、生态体验等文化创意休闲项目；在农业一产的产业结构调整中，侧重发展生态效益好、科技含量高、带动性强的产业，最终形成一产+三产融合发展的格局。

（一）文化创意休闲农业

双碑乡历史底蕴深厚、旅游资源丰富，且以文化旅游产业为代表的现代服务业是隆尧县“十三五”重点发展产业。充分挖掘双碑乡李昙家族墓群、柏人城遗址两大历史文化资源内涵，结合现有林果产业发展基础，开发休闲观光农业、特色民俗旅游项目，完善餐饮、住宿、娱乐、商贸等配套服务体系，不断提升服务档次和水平，打造别具特色的隆尧文化旅游精品线路，促进文化创意休闲农业的发展。

（二）生态林果花卉产业

绿化苗木、生态林地抗旱性能好，且具有改善区域生态环境的作用，可作为农业一产重点发展方向；坚持“生态优先、资源高效利用”的发展思路，发展以核桃、绿化苗木等为主体的生态林果产业和观赏花卉产业，建立相应的现代精品林果生产和服务体系，生产优质高效精品林果林特产品，同时为发展休闲旅游业奠定基础。

（三）精品蔬菜产业

结合文化创意休闲农业的体验项目，打造适度规模发展精品蔬菜产业。以发展高效设施蔬菜、瓜果为切入点，推进高效节能日光温室、标准钢架大棚等设施栽培基地建设，引进绿色蔬菜高效节水生产技术，推进双碑乡蔬菜产业发展。同时，以全产业链发展思路，配套建设加工、检测及产销平台。

二、空间布局和功能定位

（一）空间布局

根据园区总体目标以及现有产业基础，规划形成“一带两环”的产业布局。

“一带”：指生态农业观光带，依托红沙峪特色示范园区、腾凤农业科技园、立雄家庭农场、如山农业等四家现代农业示范点，通过以点带面，形成板块发展联动效应。南端以腾凤农业科技园为核心，重点发展设施蔬菜采摘项目；中部以立雄家庭农场、如山农业现有绿化苗圃基地为核心，重点发展林下休闲观光体验项目；北端以红沙峪特色示范园区为核心，重点发展以高效林果为主题的综合体验项目。

“两环”：即环柏人城遗址、李昙家族墓群为中心的美丽乡村与历史文化旅游创意走廊，以柏人城遗址、李昙家族墓群为中心，向外辐射周边行政村，形成两个相交圆，建设休闲观光走廊，实现文化与农业的有机结合。其中，环柏人城遗址重点实施美丽乡村建设工程和观赏花卉基地建设工程；环李昙家族墓群着力发展设施蔬菜和精品林果采摘项目；两环相交部分重点建设民俗风情展示体验项目。

（二）功能定位

依托双碑乡区位交通优势、生态环境现状及休闲观光农业发展基础，坚持“生态优先、三产融合”发展理念，充分挖掘双碑乡历史文化特色，拓展现代农业文化旅游、休闲观光、生态体验功能，打造为以历史文化为内涵，以设施蔬菜、林木花卉为支撑的复合型现代休闲农业园区。建成后，园区将具有以下功能。

1. 历史文化体验功能

深入挖掘双碑乡乃至隆尧县历史文化底蕴和农耕文化特色，大力发展文化旅游产业。依托园区内柏人城遗址、李昙家族墓群等历史文化资源，发展农业文化旅游；通过创意性的手法拓展和延伸赵郡李文化，将历史文化通过符号化和景观化的手法融入农业设施和景观环境中，并在重点项目设计中考虑历史文化特色，并通过设置相关历史文化活动增强当地历史文化的市场感知度。通过组织学习参观、科普讲座、游戏活动、动手实践等多种方式建设体验式教育基地，强化园区历史文化体验功能。

2. 农业休闲观光功能

依托林果产业生态环境，发展农业体验及生态养生产业；依托现代设施农业、露地蔬菜及大田作物生产景观与设施，发展创意文化、农业观光和采摘休闲项目。园区整体体验式休闲农业项目的设置，可与当地生态高效农业生产起到跨产业嫁接的互补效果，实现多元发展。

3. 生态保护与修复功能

园区规划中坚持生态和适宜性原则，根据场地的自然和地理条件，保持自然景观，并积极推动特色生态农业、有机农业的发展，推广节水灌溉技术，使园区逐步改善矿区产业产生的生态破坏，其已成为隆尧县生态恢复和建设工程的重要组成部分。

4. 现代农业企业孵化功能

基地通过培育、引进农业企业大力发展特色农业产业、创意休闲旅游产业，通过营造适合企业发展的政策环境、技术环境、农业资源环境、信息环境和市场环境，为引进企业提供入驻、孵化、产业化 3 个阶段完整规范、高效优质的服务，有效提高园区内农业企业的整体实力。

三、建设内容

（一）基础设施建设工程

1. 基础设施

园区的基础设施建设是园区规划中最重要的基础建设内容，主要包括道路、水利、供电、生态绿化和景观建设等5个建设工程，对园区内的村镇、农田、加工产业基地、道路、水渠、河网桥闸、电力排灌等基础设施进行统一规划、合理布局，建成配套设施完善的现代农业园区。

2. 生态绿化与景观建设

园区景观打造以“李氏文化”为内涵，以美丽乡村建设工程为依托，以生态绿化和现代农业景观为背景，多节点营造园区景观体系。同时，园区次干道、游步路两侧设计适宜宽度的绿化景观带，种植具有当地特色的树木及特色花卉；树种以经济林果、常绿树种、木本花卉为主，林带走向结合道路和河道进行绿化栽植，打造“三季有花，四季常绿，环境优美”的现代农业园区。

3. 标准化基地建设

整合资金，大力推进核桃、绿化苗木、设施蔬菜等标准化种植基地建设，主要包括高标准设施建设、节水灌溉系统建设、树种引进、果园维护等工程。到2020年，建成核桃标准化种植基地8 000亩，绿化苗木种植基地1 400亩，精品设施蔬菜种植基地500亩。

4. 道路设施

规划将园区交通网络整体分成主干路、次干路、游步路3个等级，分别承担公共交通、生产区交通、游客功能通道功能。到规划期末，园区主干路达到一级公路标准，次干路、乡道达到二级公路标准。基本实现城镇与二级以上干线公路连通，中心村与三级公路连通，三级以上公路比重达到100%（表4-1）。

表 4-1　规划后园区路网构成

道路名称		设计宽度（米）	设计长度（米）	现状（米）	规划（米）	公路等级
主干路	隆昔公路	24.5	6 800		6 800	一级
	尹大线	9	7 800		7 800	二级
	规划一路	9	8 400	4 600	3 800	二级
次干路		8~10	7 420	4 320	3 100	
支路		4~6	9 650	5 780	3 870	

5. 水利设施

在园区标准化种植基地内推广建设高标准管道输水、滴灌、微灌、集蓄节灌等高效农业节水灌溉技术，提高水资源的综合利用效率，建成完善的高效节水农业可持续发展支撑体系。

6. 电力设施

对现有供电设施与供电线路进行更新改造，同时参照更新机井规格，合理更新建设供电线路，满足集中控制、管理园区供电系统的需要，建立现代化的高标准示范园区。

（二）科技应用建设工程

1. 示范推广

依托中国农业科学院、河北农业大学等高等院校和科研院所，组建园区主导产业技术体系专家指导组，专家规模在 3~5 人，提供产业及技术咨询。每年吸引 10 名以上各类农业专家入园区从事农业技术推广工作，农业技术推广普及率达到 90%以上，主要农作物良种覆盖率达到 98%以上，新技术、新品种推广面积每年增加 100 亩。

2. 教育培训

依托龙头企业和农民专业合作社，建设农业技术培训中心，大力培育新型职业农民，使农户掌握相关的新型农业技术，提供及时的技术支持和信息服务。出台更多优惠政策，吸纳和影响外出务工农民回乡创业，发展农业特色产业，推动规模化、标准化农业发展，为园区建设提供人力支持。培训中心年培训新型农村实用人才 3 000人次。

3. 标准化生产

依托河北红沙峪林果开发有限责任公司，建设农产品质量检测中心，为质量安全检测创造良好条件；全面推广农产品标准化操作规程，制、修订优势、特色农产品的生产标准，搞好农业标准化生产示范基地培育、建设和监管；建立农产品质量追溯体系，以精品蔬菜、生态林果等主导农产品建立质量追溯体系，在源头控制农产品的品质质量，增加农产品附加值，提升园区品牌效益。到 2020 年，园区农产品安全质量水平达到 100%，“三品一标”农产品比例大幅提升。创建全国知名农产品品牌 1 个以上，省级农产品品牌 2 个以上。

4. 生态环境

建立园区环境保护制度，构建园区现代生态循环农业技术体系。到 2020 年，园区化肥、农药的施用量要实现零增长至负增长，测土施肥覆盖面积达到 90%以上；通过科技研发和补贴政策，推广高效、低毒、低残留的生物农药，高效、低毒、低残留农药应用普及率达到 50%。通过休闲农业观光带建设，改善土壤结构，恢复地力，美化本园区的环境，营造良好的休闲旅游氛围，保护生态环境，利于广大农民群众身体健康，进而促进农业和农村经济可持续发展。

（三）产业化经营体系建设工程

1. 市场主体建设

结合生态林果、精品蔬菜、观赏花卉等重点节点的打造，着力培育红沙峪、腾凤、如山等龙头企业发展壮大；以文化创意休闲农业产业打造和现代农业加工物流产业为切入点，加强园区招商引资，重点引进国内外大型农业龙头企业，以二、三产业反向推进园区一产规模化、标准化、集约化发展。通过龙头企业带动，加快培育家庭农场、专业大户、农民合作社等新型农业经营主体的建设。到 2020 年，园区新增新型经营主体 5 家以上，园区农户参加新型经营主体达到 85%以上。

2. 招商引资

围绕园区主导产业建设重点建设项目，开展有目的、有方向的全方位招商。一是完善园区招商引资机制，在落实隆尧县有关招商引资优惠政策的基础上，对招商思路进行科学定位，将有限的发展空间和环境容量让给规模效益大、综合效益好、科技含量高的项目。二是完善招商方式。充分采用会展招商、产业链招商、网上招商、委托招商、以商招商等多渠道的招商方式，提高招商引资的针对性和实效性。三是切实抓好招商项目的跟踪服务工作。争取到 2020 年，培育年产值 500 万元以上市级农业龙头企业 3 家，其中争取发展省级龙头企业 1 家、市级龙头企业 2 家。

3. 土地利用

开展农村产权确权、登记和颁证工作，在农民自愿的前提下，推动农村土地经营权流转。到 2020 年，通过采取租赁、托管、股份合作、土地流转形式经营的达到 90%以上，适度规模经营率达到 40%以上。

4. 品牌培育工程

加强绿色食品、有机食品、农产品地理标志的申请与认证工作，重视农产品品牌的培育和推广，打造一流产品、一流品牌、一流企业，提高园区农产品品牌在国内、国际市场上的知名度和竞争力。到 2020 年，创建全国知名农产品品牌 1 个以上，省级农产品品牌 2 个以上。

5. 产业融合

依托双碑乡历史文化资源特色，引进和培育龙头企业投入以休闲观光和特色民俗游为代表的文化创意休闲农业产业的建设。同时，依托休闲农业三产的向前延伸，并考虑资源承载能力，发展适度规模的设施蔬菜、精品林果及观赏花卉产业，实现农业种植产业的高效发展。最终实现三产反向拉动一产的一三产业实质融合发展模式，延伸农业产业链条，优化园区的农业产业结构，走可持续发展的现代农业道路。

6. 利益联结

通过建立合理的利益关系，形成健康的产业发展环境，这有助于稳定合作各方、降低交易成本、增大交易剩余。探索在合作制的基础上引入股份制，农户可以出资入股建立股份合作社，进入二、三产业；农民将承包经营的土地以出租或入股的形式，与投资农业的工商企业共同组建股份合作企业或农业公司，采取“保底收益+二次分红”的方式，从中获得要素收益；企业以农业设施等投入，入股农户、企业与农户，实行反租倒包等方式，建立农村产业发展利益协调机制，保障农民和经营组织能够公平地分享一二三产业融合中的红利。

7. 投融资机制

创新园区投融资机制，坚持市场经济运作的思路，形成国家投入、地方配套、农业关联企业等经济实体和农户共同投资的多元化投资体系，多渠道、多层次、全方位筹集农业发展资金。重点发挥政府投入的导向作用、地方配套的引子作用、民营企业投资的主体作用，同时以民营投资为依托、信贷投入为补充，通过运用投资、税收、贴息、补贴等各种行之有效的手段，引导各种资金投入现代农业园区的发展。

（四）服务体系建设工程

1. 领导机构

成立由县政府主要领导牵头、各部门参加的隆尧县现代农业园区管理委员会，各园区内设置管理机构。管委会的职责是切实担当起园区领导责任，制定园区发展战略规划，明确园区发展思路、目标、具体建设任务和措施的总体要求，督促和保障园区建设进度按期完成；协调园区与政府管理部门之间的关系，解决园区建设中出现的重大问题，判断和调整园区建设的具体实施措施；开展管委会各部门的综合评价和考核工作。

2. 管理机构

制定一套权责明确、管理科学的现代企业管理制度和运行机制。园区管理机构下设综合股、土地股、技术服务股、招商股等 4 个股室，其中综合股负责管委会交办的各项具体工作；土地股负责园区土地流转、建设用地等相关工作；技术服务股负责整个项目区的产业化项目、农业高新技术应用的咨询、优良品种和新农艺方法的引进、指导农业高新技术的应用与推广；招商股负责园区项目的招商引资、激励制度和政策的具体实施，园区企业和农户的资金信贷审核和支持等工作。

3. 社会化服务体系

加快构建以公共服务机构为依托、合作经济组织为基础、龙头企业为骨干、其他社会力量为补充、公益性服务与经营性服务相结合、专项服务和综合服务相协调的新型农业社会化服务体系。协调各类协会、中介组织和社会机构为园区新型经营组织和农民创业创新提供综合性服务和专业类服务。加强信息预报和园区的宣传推介。

第五章　重点建设项目

园区重点建设项目主要论述“一带两环”内休闲农业重要节点项目，通过重点建设项目的引进和实施完成园区产业化经营主体建设，同步带动园区的基础设施建设、科技提升建设和服务体系建设等。

一、“一带”——生态农业观光带

依托红沙峪特色示范园区、腾凤农业科技园、立雄家庭农场、如山苗圃 4 家现代农业示范点，通过以点带面，形成板块发展联动效应。

（一）建设思路

围绕林果、花卉、设施蔬菜三大优势特色产业，结合双碑乡特色历史文化和美丽乡村建设，整合山、水、田、林、路等资源，着力建设田园化、景观化的生态农业观光带，拓展农业多功能作用，推进一三产业互动融合发展。

（二）建设目标

南端以腾凤农业科技园为核心，重点发展设施蔬菜采摘项目；中部以立雄家庭农场、如山科技现有绿化苗圃基地为核心，重点发展林下休闲观光体验项目；北端以红沙峪特色示范园区为核心，重点发展以高效林果为主题的综合体验项目。着力开发产业化园区的生产、生活、生态、示范与休闲功能，推动农业产业链深度延展。

（三）重点建设内容

1. 红沙峪核桃综合体验园

（1）建设规模。总占地约 8 720 亩。

（2）建设布局。红沙峪。

（3）建设内容。包括核桃高效生产示范园、设施果树生产区、荷花苑、薰衣草庄园、核桃主题馆、农家乐。核桃高效生产示范园规划规模 8 000亩，以河北红沙峪林果示范园为核心，辐射周边村。预计投资 1 000万元。设施果树生产区规划面积 100 亩，依托红沙峪现有的设施基础，扩建反季水果温室大棚 10 个，丰富冬季采摘类别。预计投资 200 万元。荷花苑总占地面积 100 亩，收集种植国内优良荷花种质资源，在荷花周围种植芦苇、蒲草等，形成芦苇荡。举办荷花节、荷花科普知识展、全荷宴等活动，让市民感受荷花文化。预计投资 200 万元。薰衣草庄园总占地面积 50 亩，打造以薰衣草为主题的欧式风情婚纱摄影基地，预计投资 100 万元。核桃主题馆总占地面积 20 亩，以民俗特色为补充，丰富核桃主题。通过核桃艺术馆、核桃常识馆、核桃多功能开发应用展示馆的建设，对核桃做一个全方位、立体式的内容展示，深入发掘核桃的文化价值、生物价值等。通过核桃园乡情的建设，改造核桃树林环境景观，完善区内接待功能。在核桃生产收获季打造核桃文化节。预计投资总 1 000万元。农家乐建筑占地面积 1 000米^2，以仿古建筑和隆尧羊汤、魏庄烧鸡等地方特色农家菜为主，为游客提供住宿服务。预计投资 200 万元。

2. 如山千亩林下休闲观光园

（1）建设规模。总规模 1 000 亩，建筑占地面积约 1 200米^2。

（2）建设布局。如山科技园。

（3）建设内容。包括采摘果园、林下食用花卉种植、柴鸡散养、森林旅馆等项目。采摘果园结合如山科技的 400 余亩景观苗木，再种植 500 亩桃、梨、苹果、葡萄、樱桃等果树，满足观光采摘的需求。林下食用花卉种植依托景观苗木种植基地，林下栽培 400 亩菊花、百合、芦荟、玫瑰、薄荷、穿心莲等食用花卉。在林下散养柴鸡，提供鸡蛋捡拾体验。在林中安置 20 个各式各样不同规格的小木屋，形成森林旅馆，每个小木屋占地 50 米^2 以内，并开设森林餐厅，占地约200米^2。通过以上项目打造千亩林下休闲观光园，为城镇居民提供短期农事体验及休闲度假场所。预计总投资500万元。

3. 腾风现代蔬果采摘体验园

（1）建设规模。总规模300亩，建筑占地面积约1 200米^2。

（2）建设布局。腾风农业科技园。

（3）建设内容。主要包括设施果蔬采摘基地和大田景观的构建。设施果蔬采摘基地建设高效节能日光温室100亩，钢架塑料大棚100亩，竹木水泥混合结构大棚100亩，连栋智能温室2 000米^2。预计总投资1 560万元。重点生产适宜观赏采摘的蔬菜，既能进行反季节供应，又能供游客观光采摘。品种有彩色甜椒、迷你小黄瓜、布里塔长紫茄、西葫芦、结球生菜、番茄、紫甘蓝、红菜花、小香葱、红油菜、水萝卜、白萝卜、樱桃萝卜、观赏南瓜等。温室外面种植小麦、马铃薯、大豆、花生等较矮的农田作物或牧草、绿肥作物，构成优美的田园景观。农田内部可设置田园写生区、田园画廊，为游客提供集观光采摘、餐饮、田园写生为一体的体验园。

4. 千亩绿化苗木培育基地

（1）建设规模。规划面积1 000亩。

（2）建设布局。以邢台如山农业科技有限公司、立雄家庭农场现有绿化苗圃基地为核心，辐射周边村。

（3）建设内容。苗圃的行道、景观基调树种为元宝枫、白蜡、红叶李、龙爪槐、香花槐、国槐等，形成道路彩色带。苗木将以地带性树种为主，构成苗圃的地带性特色，同时加强引种工作，选择适宜本地种植的、丰富多彩的园艺树种。乔木如香樟、雪松、夹竹桃、鹅掌楸、女贞、黄杨、棕榈等；灌木如圆柏、龙柏、桂花、红花檵木、大叶黄杨、小叶黄杨、小蜡等；地被植物如牛舌草等；攀缘植物如紫藤、金鱼花等。苗木基地还将根据各类植物品种，形成桧柏园、紫薇园、连翘园等多个植物专类园，利用特色林木景观带动旅游观光、婚纱摄影等关联产业。预计投资1 000万元。

二、"两环"——美丽乡村与历史文化旅游创意走廊

以柏人城遗址、李昙家族墓群为中心，向外辐射周边行政村，形成两个相交

圆，建成美丽乡村与历史文化旅游创意走廊，实现文化、旅游与农业的有机结合。

（一）建设思路

结合美丽乡村建设工程，开发具有农耕文化特色的旅游产品，突出特色文化、完善基础设施、绿化村落庭院、保持田园风光；结合文化旅游建设精品果蔬采摘基地和观赏花卉种植基地，丰富园区功能，将隆尧柏人休闲农业园区打造成为文化型现代农业综合开发的优秀典范。

（二）建设目标

以柏人城遗址为核心，重点实施美丽乡村建设工程，做到以点带面、稳步推进，建成生态农业、生态旅游、生态文化特色乡村，开展观赏花卉基地建设；环李昙家族墓群周围着力发展设施蔬菜基地建设、精品林果建设；两环相交部分重点发展民俗风情一条街，主要建设项目包括纺织展示区、农耕文化大院、民俗博物馆、游客服务区。将园区的生产、生活、生态、示范与休闲功能相结合，达到产业融合发展的目标。

（三）重点建设内容

1. 民俗风情街

（1）项目规模。100 亩。

（2）项目布局。两环相交部分。

（3）项目内容。风俗风情街主要由纺织展示区、农耕文化大院、民俗博物馆、游客服务区四部分组成。纺织展示区发展以传统纺织为主的土织布品牌产业，将木花村现有的制作工艺及成品进行展示销售和品牌推广。农耕文化大院主要展现我国北方农村传统的石匠做活、辘轳井打水等手工业生产、加工劳动场景；室内表演展示推碾子拉磨、老式桌椅等家庭装饰及生产、生活用具，展现农产品加工及其他传统的手工业生产劳动场景，同时为游客提供亲身体验参与劳动的乐趣。在民俗博物馆中展示中国传统的民俗文化，如剪纸、花灯、地方戏曲表演服装等。结合美丽乡村建设在里南庄、里王庄、花木村等村庄发展 10 户村民进行民间手工艺制作。在民俗风情街中心位置建设中心广场，成为游客服务区。搭建露天舞台，进行赵国服装表演，服装表演的乐曲可选择民族曲谱，由民间传统乐器演奏。同时，在服务区发展特色小吃，餐饮以野菜、土鸡等农家菜为主，并结合美丽乡村建设开展农家乐餐饮与住宿。

2. 千亩精品果蔬采摘基地

（1）项目规模。1 000 亩。

（2）项目布局。环李县家族墓群周围。

（3）项目内容。精品果蔬采摘园主要由温室园艺区和经济林果区组成，占地 1 000亩。

温室园艺区占地面积 200 亩，根据市场需求，选择适当蔬菜、花卉与果树品种。开展区域化、专业化、商品化、产销一体化的产业化经营，增加科技含量，降低生产成本，提高市场竞争力。观光采摘型果蔬主要满足城市居民休闲观光消费需求。经济林果区占地 800 亩，种植葡萄、樱桃等不同时间段上市的果品。以集约化的庄园式农业为经营实体，做到分时段开花结果，分阶段性上市。每个庄园都含有丰产栽培区、科技展示区、体验区等功能区。丰产栽培区是高产、优质水果产品的生产区；科技展示区肩负果树科技展示和果业文化普及两大功能；体验区既包括采摘体验，还包括各种果品加工过程的体验，如葡萄酒、樱桃酱、李子果脯等作坊文化的体验。同时，林下、道路两旁搭配草本花卉，达到较高的观赏价值。

3. 百亩观赏花卉培育基地

（1）建设规模。规划面积 100 亩。

（2）建设布局。环柏人城遗址周围。

（3）建设内容。本基地主要引进、繁育国内外新优花木，开发乡土树种，适应性与观赏性俱佳，花色品种优雅繁多，富有文化底蕴，抗性强，对土质要求不高，病虫害少，花期长。其中，乡土花卉主要有月季、金盏菊、矮牵牛等；观赏性植物主要有紫薇、薰衣草、木槿等，既适合园林花带、花境及道路绿化、美化，又适合小区、庭院、庆典活动与家庭、单位摆放，可以极大地提升园林景观的品位、吸引力和附加值。

4. 美丽乡村建设

(1) 建设规模。双碑乡9个行政村。

(2) 建设布局。双碑乡里南庄、里王街、里边街、城角村、西崔庄、西小崔、东小崔、岗头、亦城。

(3) 建设内容。主要包括历史文化特色小镇、环境治理、民居改建、安全饮水等工程建设。在双碑村、里边街、里南庄、里王街开展老街与古民居修缮，融入李氏文化、民俗文化打造成以李氏文化为主的历史文化小镇。清理各类积存垃圾、背街小巷及门前“三堆”，拆除乱搭乱建、消灭卫生死角，使村环境面貌明显改善；村内各小组配备保洁员，负责日常保洁工作，建立健全长效保洁机制；制定环境卫生村规民约、落实保洁及垃圾处理制度。民居改建要尊重群众意愿，突出人文历史、主导产业，按照“一村一格局”的要求，坚持改造为主，建新为辅，对已有民居实施改造。积极引导新建或翻建民居的农户使用新技术、新材料进行建设。支持符合条件的困难家庭对危房进行改造，切实解决困难农户的住房安全问题。开展农村饮水安全巩固提升工程建设，逐步建立“从源头到龙头”的农村饮水工程建设和运行管护体系。及时解决村庄供水管网老化、水源变化等问题，不断提升已建工程的建设标准，为农民群众提供更为方便足量的饮用水。

第六章　投资估算和资金筹措

一、投资估算

隆尧柏人休闲农业园区总投资 10 360万元，各功能分区重点建设项目投资如下。

（一）“一带”——生态农业观光带

重点建设红沙峪核桃综合体验园、如山千亩林下休闲观光园、腾凤现代蔬菜采摘体验园、千亩绿化苗木培育基地 4 个项目，到 2020 年预计投资 5 760万元。

（二）“两环”——美丽乡村与历史文化旅游创意走廊

重点建设民俗风情街、千亩精品果蔬采摘基地、百亩观赏花卉培育基地、美丽乡村 4 个项目，到 2020 年预计投资 4 600万元。

二、资金筹措

按照“政府引导、市场运作，省市扶持、县级统筹”相结合的方式，以园区内经营主体投入为主，整合发改、财政、农业等相关涉农项目资金，引导金融机构和社会资本广泛参与，提出以下资金筹措方案。

（一）“一带”——生态农业观光带

项目建成投资总额 5 760万元，其中企业自筹（自有资金、招商引资、其他企业入股资金、农民入股、土地出让等）3 300万元；国家农业专项资金 1 800万元（文化旅游项目补贴、农业大棚补贴项目、设施农业标准化生产经费补助项目）；农业银行低息、贴息贷款 660 万元。

（二）“两环”——美丽乡村与历史文化旅游创意走廊

至 2020 年，投资总额 4 600万元，其中企业自筹 2 100万元；政府及项目专项资金支持，如财政部“农发办”农业开发项目资金、农业部标准蔬菜园建设项目资金等共计 1 000万元；招商引资及企业资金 1 000万元；农业银行低息、贴息贷款 500 万元。

第七章　效益分析

一、经济效益

园区经济效益预计 2020 年将达到 8 650万元，到 2025 年预计达到 10 750 万元。

（一）“一带”——生态农业观光带

1. 红沙峪核桃综合体验园

预计 2020 年实现收入 2 650万元，其中核桃高效生产示范园总产量 800 吨，总产值 1 600万元；设施果树生产区 300 亩，总产量 250 吨，产值 250 万元；荷花苑、薰衣草庄园、核桃主题园、农家乐接待游客 4 万人次，人均消费 200 元，实现收入 800 万元。2025 预测总收入达到 3 050万元。

2. 如山千亩林下休闲观光园

预计 2020 年实现收入 500 万元。500 亩桃、梨、苹果、葡萄、樱桃等果树总产量 300 吨，产值 300 万元；森林餐厅收入约 200 万元。2025 预测收入达到 800 万元。

3. 腾凤现代蔬菜采摘体验园

预计 2020 年实现收入 800 万元。面积 300 亩，单产按 10 吨/亩、产值按 2 万元/亩计，总产量 3 000吨，总产值 600 万元。产品展示销售的连栋智能温室及产品观光采摘收入大约 200 万元。2025 扩大规模，预测收入达到 1 500万元。

千亩绿化苗木基地 1 000亩，平均年效益达 400 万元。

（二）“两环”——美丽乡村与历史文化旅游创意走廊

1. 民俗风情街

预计 2020 年实现收入 2 000万元，其中纺织展示区通过产品展示销售及订单效益，年收益约 500 万元；农耕文化大院通过农事体验项目收费，按年人流量 300 万人计算，每个项目体验收费 20 元/人，参与人数 50 万人计算，年收益约 1 000万元；游客服务区摊位出租年收益达 500 万元。预计到 2025 年实现收入 2 500万元。

2. 千亩精品果蔬采摘基地

预计 2020 年实现收入 1 800万元。其中温室园艺区 200 亩，每亩平均产量 0. 25 万千克，按采摘和礼品配送平均利润 20 元/千克计算，年效益达 1 000万元。经济林果区 800 亩，平均效益为 1 万元/亩，年收益约 800 万元。预计到 2025 年实现收入 2 200万元。

3. 百亩观赏花卉基地

规模 100 亩，每亩经济效益 5 万元。预计 2020 年实现收入 500 万元。到 2025 年达到 600 万元。

二、社会效益

隆尧柏人休闲农业园区的建设集现代高效农业产业发展和创意文化、生态观光休闲旅游开发于一体，建成后，将有效促进当地农业结构调整，提高农业科技含量，拓展农业多功能性，增加农民就业和收入，拥有良好的社会效益。

（一）促进区域产业结构调整

园区立足双碑乡自然资源条件，通过科学谋划和合理布局，推进农业产业结构调整，发展高效节水、绿色生态、环境友好型产业，推动农业生产向高产、优质、高效、生态、安全的现代农业生产方式转变。通过将新型实用生态农业技术、新品种、市场开拓引入生产、贮藏、加工、销售过程，建立高效种植、精细加工、冷链物流和创意文化休闲的多种产业组合，形成一条龙的产业经营模式，适应多层次、多元化的市场需求，为邢台市农业和农村经济结构的战略调整提供示范样板，推动区域农业产业结构调整，提高区域资源的利用效率。

（二）引导技术示范与创新

园区建成后，将形成第一产业与第三产业相互融合的园区发展模式，为河北省水资源缺乏地区现代农业发展做出有益探索。首先，通过核桃、葡萄、设施果蔬、绿化苗圃等生态林果和精品蔬菜种植基地的建设，推广标准化生产技术管理技术，提高双碑乡经济林木的良种普及率和科学种植水平，确保农产品品质和安全，为隆尧县农业产业规模化、规范化生产做出示范；通过创意文化体验项目，传播隆尧特色历史文化知识和现代农业先进技术，使游客了解隆尧县独有的历史文化遗产和民俗风情；实现了农业、生态、文化旅游三位一体的有机结合，使农业产业与文化产业、旅游产业、创意产业、教育产业等相结合，推动园区经济发展及产业结构完善。

（三）增加农民收入、带动农民致富

规划实施后，通过种植、加工、流通及生态休闲产业的实施，为当地劳动力、特别是妇女劳力就地就业提供了岗位。同时，通过重点建设项目的拉动，可带动周边农户发展核桃、花卉、蔬菜等高效生态农林种植业，有效增加农民收入、拓宽农民就业渠道。到 2020 年，园区直接及间接吸纳当地农民就业人数分别达 300 人及 1 000人以上，农民人均收入比园区建设前提高 35%以上。同时，通过主导产业带动，林果、花卉、蔬菜等农产品市场流通和信息体系建设也都将得到显著加强，将对规划区的农村经济发展带来积极影响，可从宏观上带动农村产业的普遍升级和长远社会经济目标的实现。

（四）提升当地村民生活质量

通过园区水电路、绿化等基础设施工程的建设，有效提升双碑乡各自然村落间生产、生活的便利性和美观性。同时，随着园区创意文化休闲产业的发展，对园区内生产和文化景观的建设及维护提出更高要求，进一步提升村民生活品质。本项目为隆尧县新农村建设提供新型运营模式，产生巨大的推动力。

三、生态效益

园区规划的实施将具有良好的生态效益，具体表现在以下几方面。

（一）高效利用资源

园区规划按照生态农业理论，以高效保护和利用资源为前提，均衡体现现代农业的生产、生态、旅游功能。在具体建设过程中，通过雨水收集、高效节水灌溉、立体种养等工程的开发建设，实现了物质和空间的高效利用。区域的建设将为区域农业资源的合理开发和高效利用提供可能性，通过多元化的种植结构，实现现代农业示范园区生态的良性循环和产业的可持续发展。

（二）改善生态环境

通过路网的完善工程、河道治理、灌溉沟渠的建设及绿色无公害生产技术的推广和应用，有效提高现代农业园区的生态环境质量。同时，林果、花卉等项目的建设极大地提升了当地的绿化率，对于区域水土保持和生态涵养具有重要意义。再次，美丽乡村与文化创意体验区建设中结合地势，将水、林、农融为一体，通过建设不同特色、不同风格的功能建筑和景观建筑，辅以独特的设计，保持与周围自然景观和人文环境的高度协调；通过对秸秆综合利用、农膜回收等工程，结合主导产业基地建设打造区域农业循环链条，对保护当地生态环境、维护生态平衡产生重要的作用。

第八章　保障措施

一、园区管委会组织框架及运行管理机制

（一）进一步建立健全规划实施的组织机构

成立由县政府主要领导牵头、各部门参加的隆尧县现代农业园区管理委员会（以下简称园区管委会），各园区内设置管理机构。园区管委会由政府领导出任主任，全面负责农业园区的相关开发建设工作。柏人园区管理机构下设综合股、土地股、技术服务股、招商股4个股室，为园区的规划实施奠定了坚实的组织管理基础。

在成立园区管委会的基础上，建立“部门联动、政策集成、资金聚焦、资源整合”的工作机制和部门联席会议制度，做好规划实施中的组织管理和协调服务工作，协调县属各行政部门共同支持园区建设，落实相关保障措施，指导园区建设工作有效开展。明确园区规划制订、工作协调、政策措施落实、重点项目建设和组织实施中的职责权限，形成上下统一、部门协调、规范高效的园区管理服务机制。成立园区专家咨询顾问团，承担园区的规划指导、政策制定、项目咨询、技术服务等职能，推动园区决策科学化。

（二）营造规划实施的良好环境氛围

将规划的实施与推进城乡发展一体化、社会主义新农村建设、隆尧县国民经济和社会发展规划有机地融合，充分利用政策优势，协同共进，一体化发展。加

强政府推动和政策牵动，完善园区管理和运行机制，进一步理顺管理体制，打破区域、行业界限，鼓励和引导各种资源向园区集聚，建立推进园区建设的长效机制，在园区上下形成“一心一意谋发展，聚精会神抓示范”的强大合力。广泛动员舆论媒体，大力向外推介园区的区位优势和优惠政策，及时总结推广园区的好经验、好做法，形成全社会关心、支持、参与园区建设的良好氛围。

二、服务水平和能力建设

（一）提升园区产业技术集成创新能力

结合园区主导产业发展需求，进一步完善与现代农业发展相适应的农业先进适用技术创新应用机制，建设一批重点实验室、企业技术中心，重点强化农业节水技术、生物技术、信息技术、生态环境技术、设施技术、农产品深加工与现代物流技术等现代农业技术集成创新，提高文化品牌建设、瓜菜种苗推广、瓜菜标准化生产、新型日光温室、林果种苗快速繁育、林果节水灌溉及丰产等方面的科技支撑能力，对园区文化产业、农业产业发展起到支撑发展作用。

（二）增强农业科技成果转化能力

积极主动地与科研院所建立并保持产、学、研合作关系，促进创新要素的集成和整合，鼓励各类科技成果入园并进行孵化，建设一批高水平的科技成果转化基地，着重围绕农产品质量安全、生态安全、现代装备、生物种业等领域，逐步形成园区与大学、科研机构、企业一体化的成果快速转化体系，提升园区的科技转化层次，加快转化速度，提高转化效率。

（三）提升农业技术推广能力

强化园区公益性农技推广服务能力建设，健全园区农业技术推广、动植物疫病防控、农产品质量监管等公共服务机构，提高扎根乡村、服务农民、艰苦奉献的农技推广人员的工资待遇。改进农技推广服务手段，充分利用互联网、手机等现代信息技术，为农民提供农业技术咨询指导服务。鼓励高等学校、科研院所在园区建立农业试验示范基地，集成、熟化、推广农业技术成果。鼓励科技人员到园区开展农村科技创业，支持创办领办科技型企业和技术合作组织。通过政府订购、定向委托、招投标等方式，扶持农民专业合作社、供销合作社、专业技术协会、农民用水合作组织、涉农企业等社会力量广泛参与农业产前、产中、产后服务，逐步构建起以政府公益性农技推广机构为主导、科研教育机构和社会化农技服务组织为补充的农技推广体系，加快农业先进适用技术的推广普及。

三、建立监测体系

建立现代农业园区建设基础数据库，对园区发展水平分年度组织评价和监测。强化监测评价工作，细化措施抓落实。

（一）加强领导，落实责任

县委、县政府高度重视现代农业监测评价工作，建立由县委、县政府常务副县长任组长，县级相关部门、乡镇分管领导为成员的监测评价领导小组，落实相关单位监测评价工作责任，领导小组办公室设在县农业局，具体负责现代农业监测评价日常工作。

（二）建立园区建设效果跟踪评价制度

围绕规划的主要目标、建设任务、重大项目、重要政策的制订与实施等关键环节，分年度、分阶段组织开展评估工作。广泛进行专家评议和社会各界意见征求，及时汇总整理相关意见和建议，为协调规划实施、促进规划落实和推进阶段性工作提供决策依据。建立规划实施考核激励机制。按年度制订考核指标、考核分值和奖罚措施，细化分解园区建设任务，确保责任到部门、到园区、到个人。组织开展定期验收和不定期督查，及时通报各部门工作推进情况，总结建设经验和存在的问题，提出整改意见。点面结合，分类调查。根据实际情况，调查方式以全面调查为主、抽样调查和典型调查为辅的方法，采取条块结合的方式进行，调查范围涉及整个现代农业园区。

（三）制订计划，有序推进

整个监测评价工作分五步进行。一是由县农业局牵头，园区配合抽样调查；二是对相关部门监测人员进行培训；三是由园区管委会对选取的园区监测点进行监测；四是由园区将监测数据报送县农业局，会同县农业局形成正式年度统计数据，送县监测评价领导小组办公室；五是由评价领导小组组织监测评价工作，并严格按照现代农业发展监测评价指标体系进行逐一评价。年终由领导小组组织对各项指标完成情况进行检查评估、综合考评，并作为领导决策及部门单位评优的重要依据。

附　表

附表1　重点建设项目实施进度安排

附表1-1　生态农业观光带建设项目实施进度安排

序号	项目名称	年份				
		2016	2017	2018	2019	2020
1	红沙峪核桃综合体验园	●	●	●	●	●
2	如山千亩林下休闲观光园	●	●	●		
3	腾凤现代蔬菜采摘体验园	●	●	●	●	
4	千亩绿化苗木培育基地	●	●	●	●	

注：●表示此项有安排；余同

附表1-2　美丽乡村与历史文化旅游创意走廊项目实施进度安排

序号	项目名称	年份				
		2016	2017	2018	2019	2020
1	民俗风情街			●	●	●
2	千亩精品果蔬采摘基地	●	●	●	●	
3	百亩观赏花卉培育基地			●	●	

附表 2　重点建设项目分年度投资估算

附表 2–1　生态农业观光带建设项目投资估算　　单位：万元

序号	项目	年份					合计
		2016	2017	2018	2019	2020	
1	红沙峪核桃综合体验园	200	700	700	600	500	2 700
2	如山千亩林下休闲观光园	50	300	150			500
3	腾风现代蔬菜采摘体验园	50	210	300	1 000		1 560
4	千亩绿化苗木培育基地	50	400	400	150		1 000
	合计	350	1 610	1 550	1 750	500	5 760

附表 2–2　美丽乡村与历史文化旅游创意走廊投资估算　　单位：万元

序号	项目名称	年份					合计
		2016	2017	2018	2019	2020	
1	民俗风情街			300	1 400	300	2 000
2	千亩精品果蔬采摘基地	600	400	400	400		1 800
3	百亩观赏花卉培育基地			500	300		800
	合计	600	400	1 200	2 100	300	4 600

附表 3　重点建设项目经济效益估算

附表 3–1　生态农业观光带经济效益估算　　单位：万元/年

序号	项目	年份	
		2020	2025
1	红沙峪核桃综合体验园	2 650	3 050
2	如山千亩林下休闲观光园	500	800
3	腾风现代蔬菜采摘体验园	800	1 500
4	千亩绿化苗木培育基地	400	400
	合计	4 350	5 750

附表 3-2　美丽乡村与历史文化旅游创意走廊经济效益估算　单位：万元/年

序号	项目名称	年份	
		2020	2025
1	民俗风情街	2 000	2 200
2	千亩精品果蔬采摘基地	1 800	2 200
3	百亩观赏花卉培育基地	500	600
合计		4 300	5 000

附　图

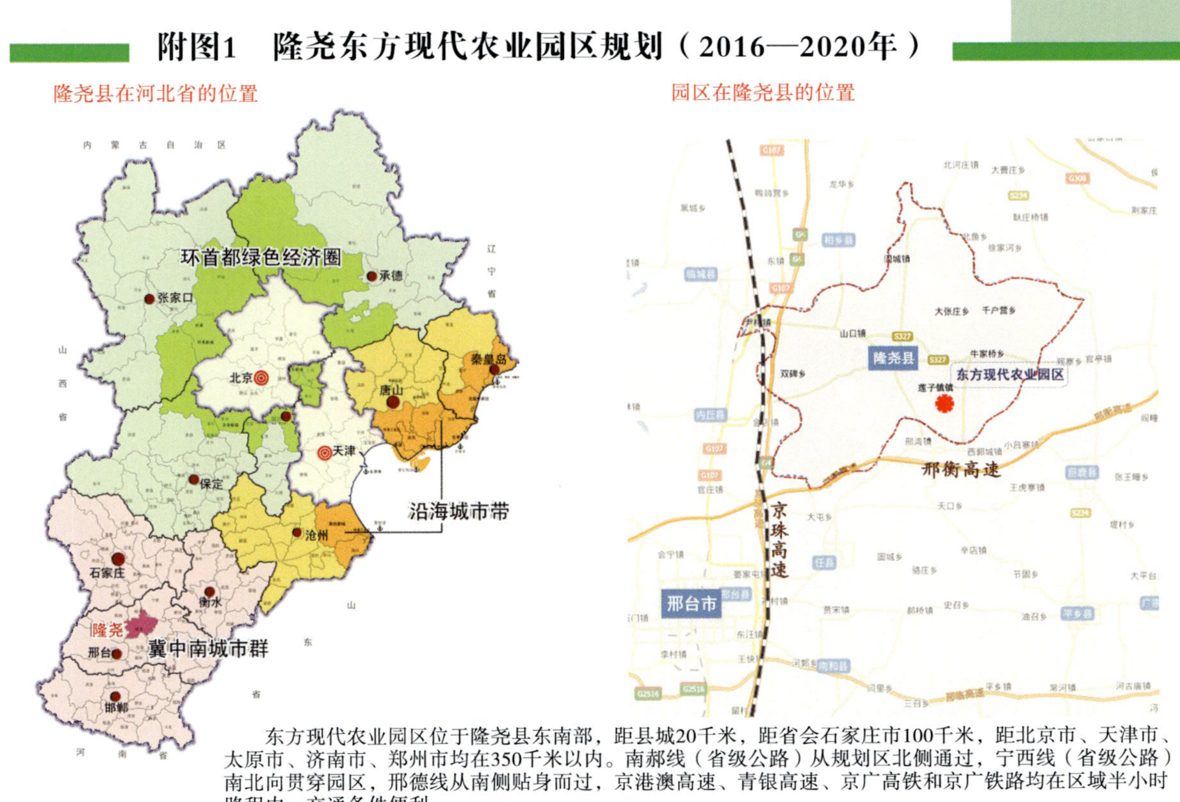

附图1-1　园区区位分析

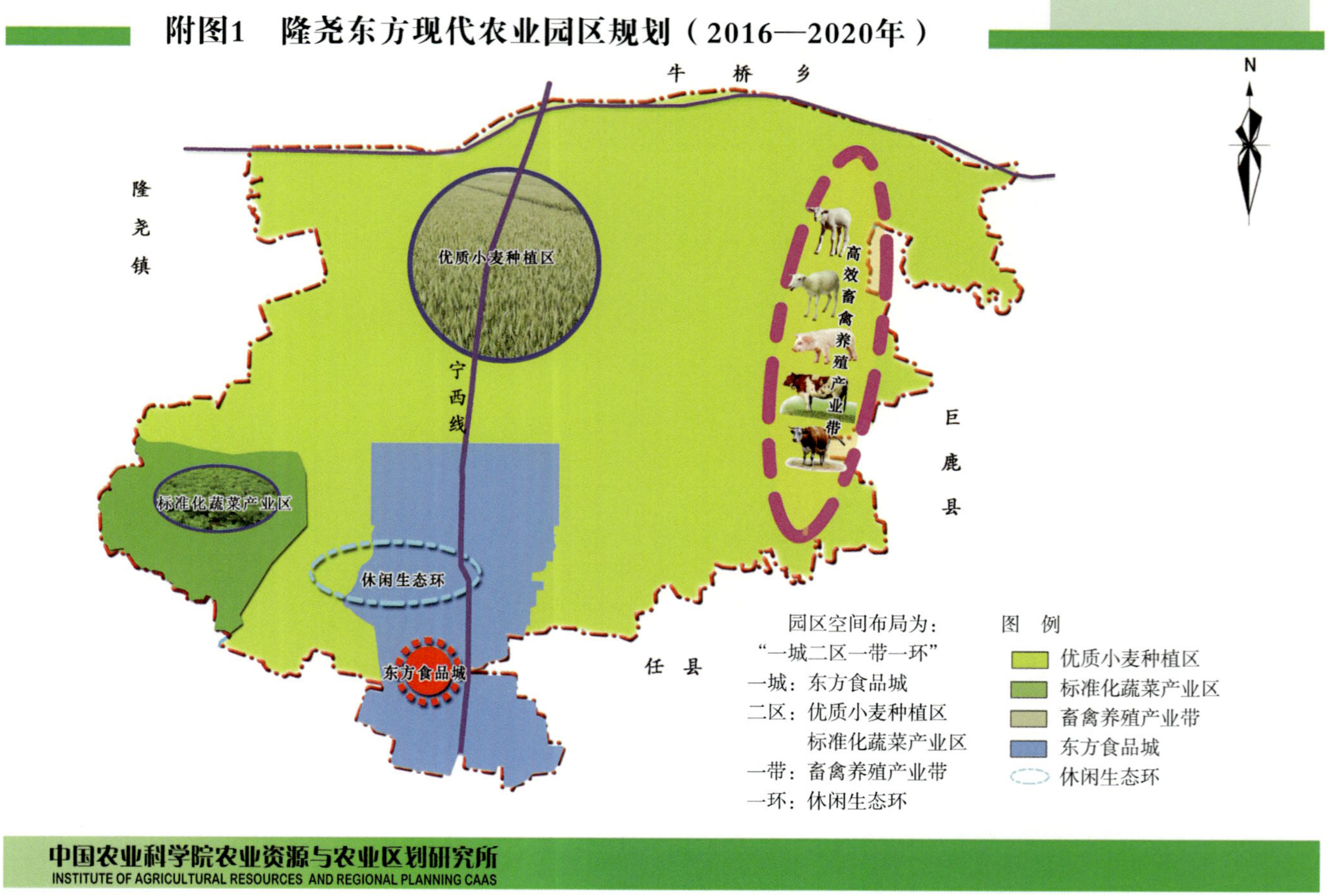

附图1 隆尧东方现代农业园区规划（2016—2020年）

附图1-2 园区空间布局

附图1 隆尧东方现代农业园区规划（2016—2020年）
N
牛 桥 乡
巨 鹿 县
任 县
隆 尧 镇
牛家桥乡
莲子镇镇
魏家庄镇
任村村
白家寨村
北盐池村
开河村
北吴鹏村
南吴鹏村
尚庄
图 例
中心村
基层村
乡镇界
主干路
次干路
中国农业科学院农业资源与农业区划研究所
INSTITUTE OF AGRICULTURAL RESOURCES AND REGIONAL PLANNING CAAS

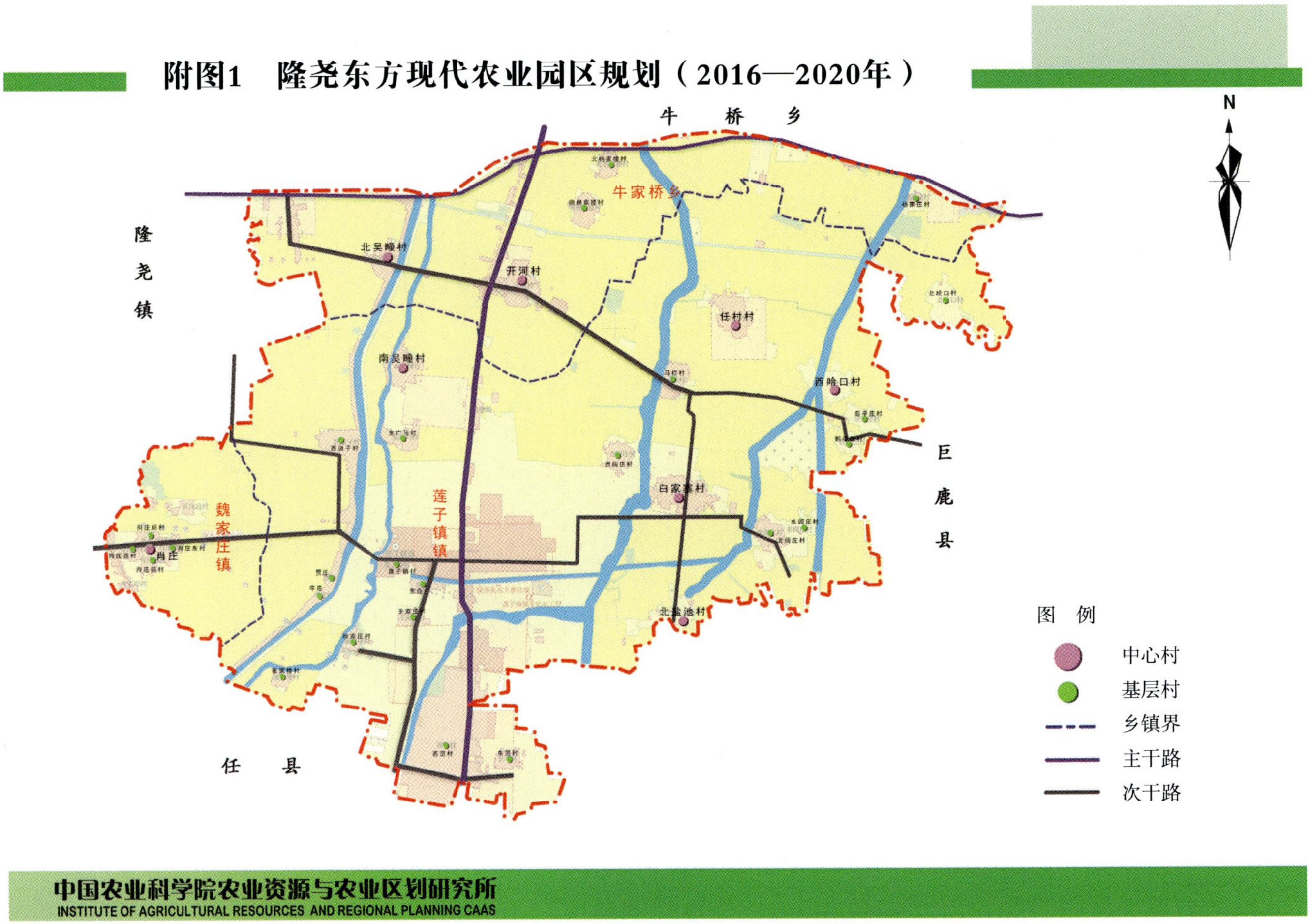

附图1-3 村庄布局现状

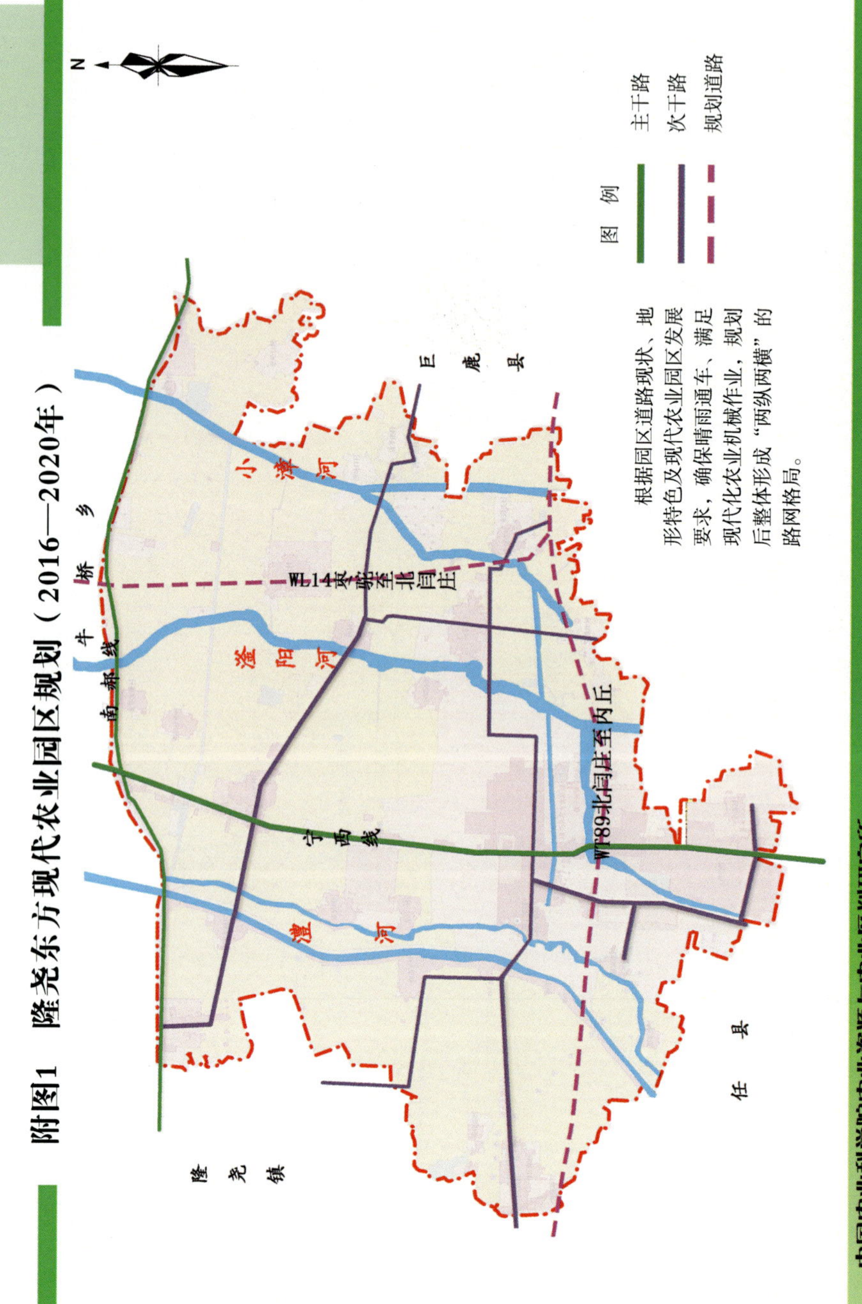

中国农业科学院农业资源与农业区划研究所
INSTITUTE OF AGRICULTURAL RESOURCES AND REGIONAL PLANNING CAAS

附图1-4 园区道路交通示意

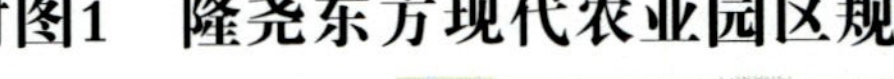

附图1 隆尧东方现代农业园区规划（2016—2020年）

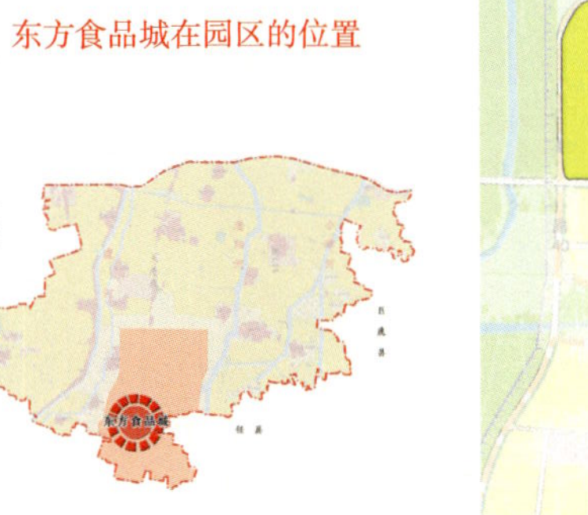

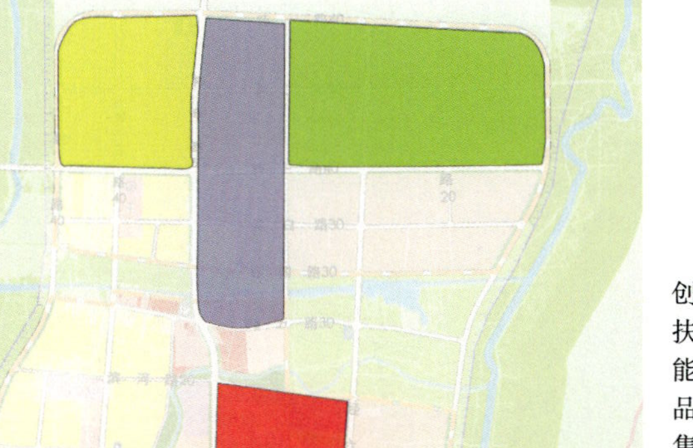

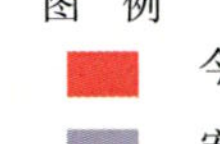

遵循“开放带动、龙头引领、品牌竞争、创新致胜”的基本宗旨，通过强化招商引资、扶持龙头企业、实施品牌战略、增强技术创新能力、优化空间布局、改善投资环境、健全食品安全质量体系等途径，形成结构优化、品牌集聚、布局合理、特色明显、优势突出的现代食品产业基地。

图 例

- 今麦郎方便食品产业建设项目
- 宏望方便食品产业建设项目
- 中小食品企业创业园
- 高端营养品企业投资园
- 生物基制品产业建设项目
- 物流配送产业建设项目

中国农业科学院农业资源与农业区划研究所
INSTITUTE OF AGRICULTURAL RESOURCES AND REGIONAL PLANNING CAAS

附图1–5 东方食品城产业布局

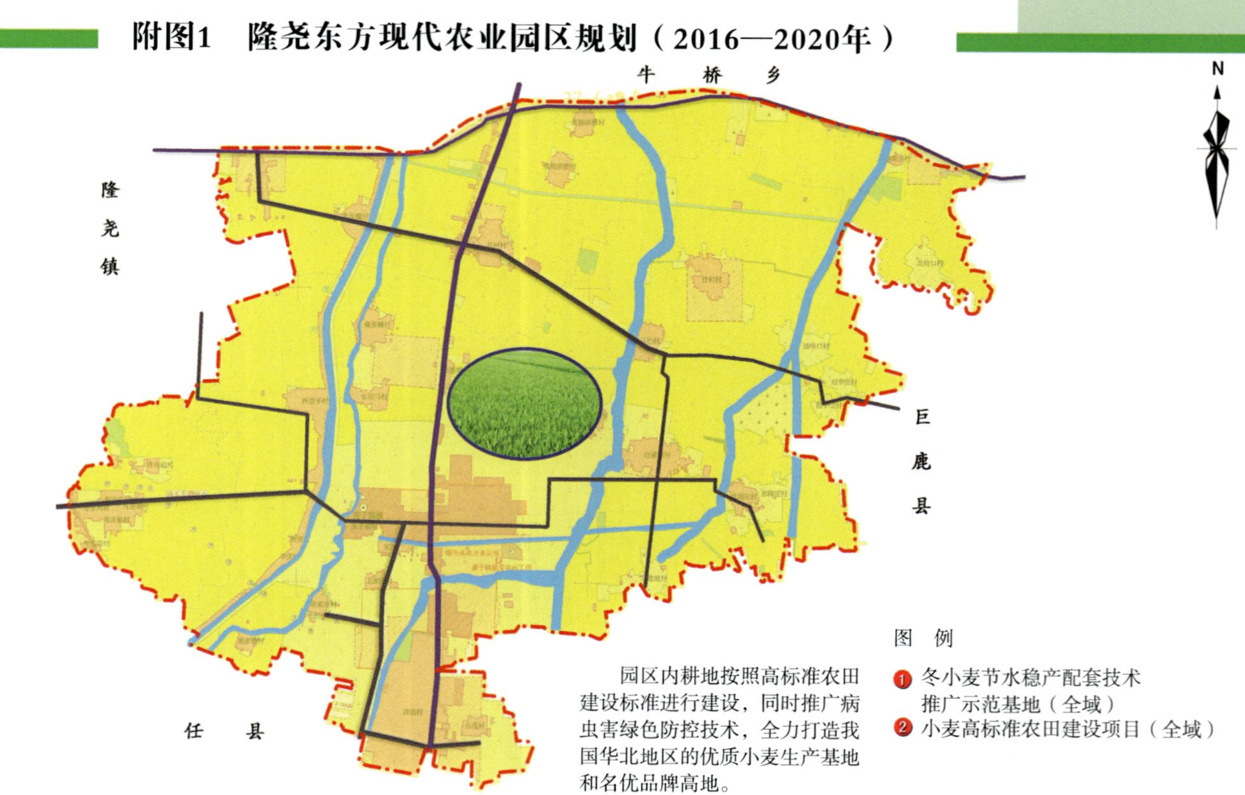

附图1-6　小麦种植建设项目布局

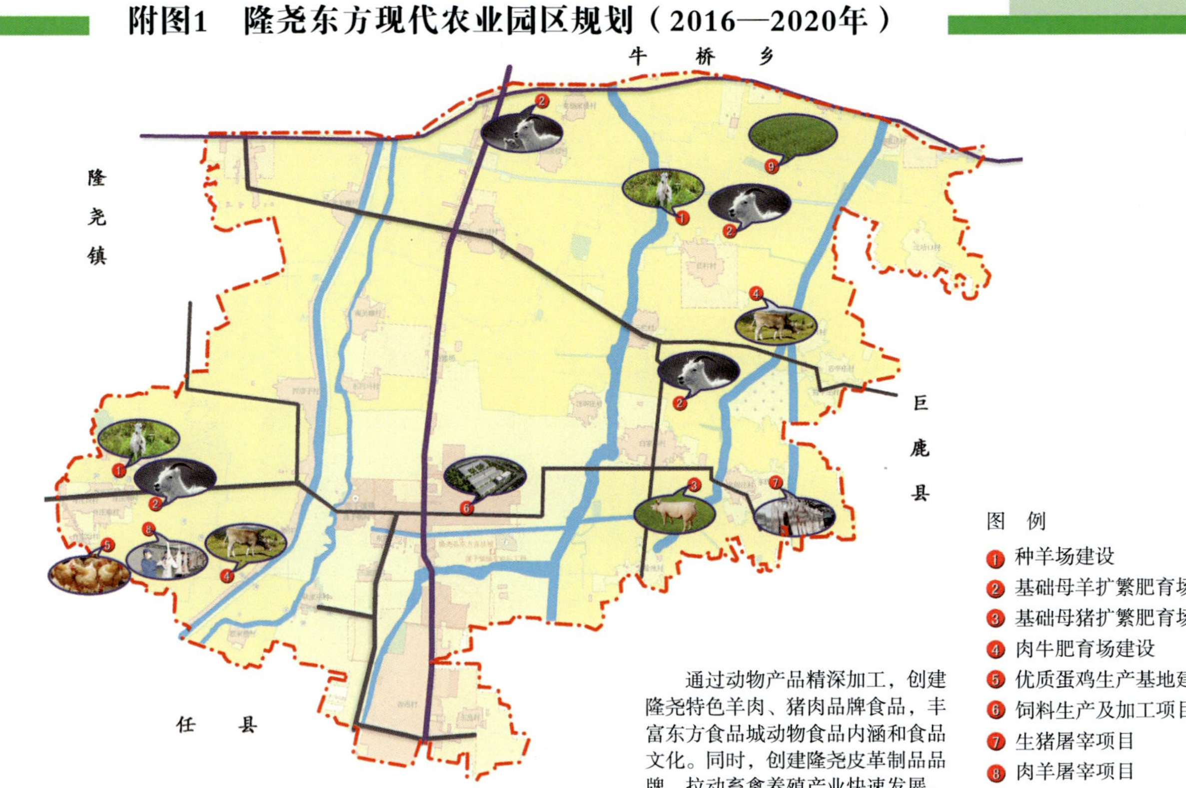

附图1-7 畜禽养殖建设项目布局

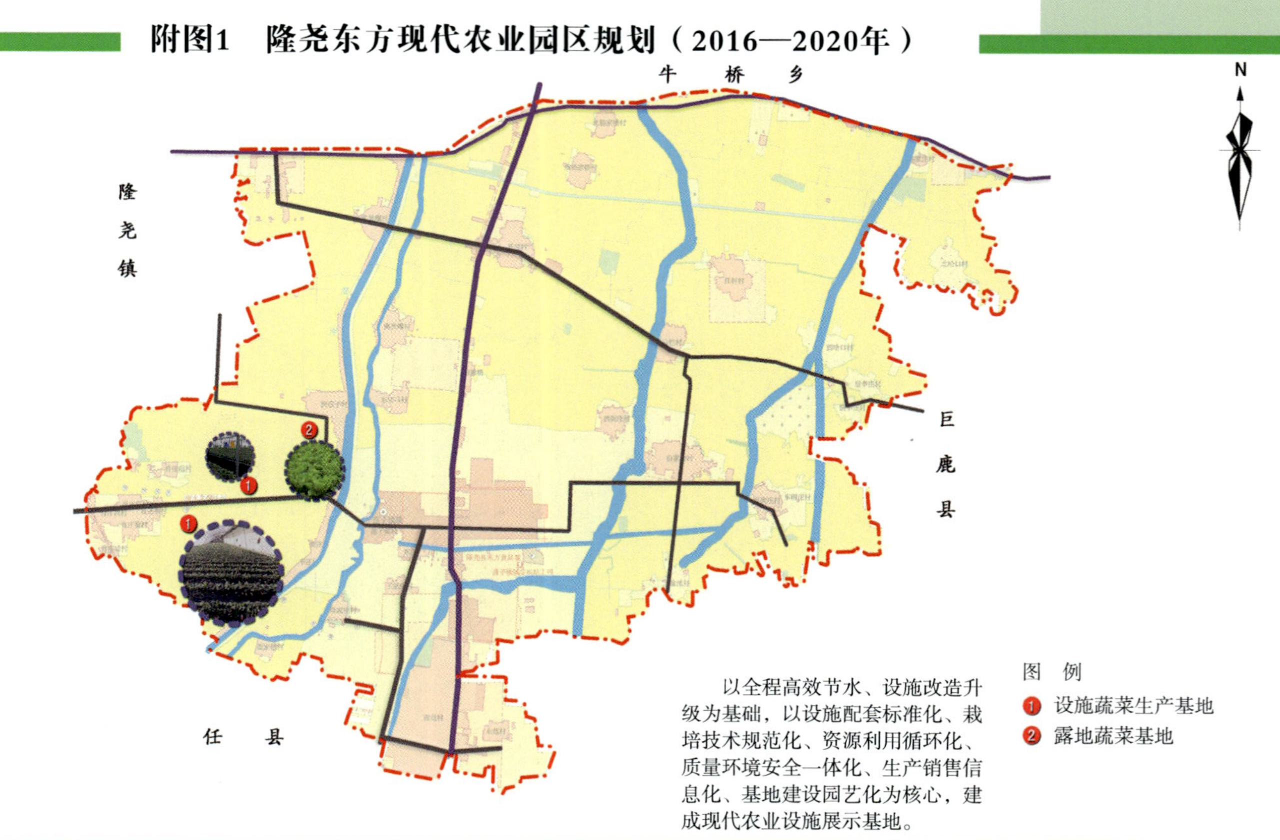

附图1-8 标准化蔬菜建设项目布局

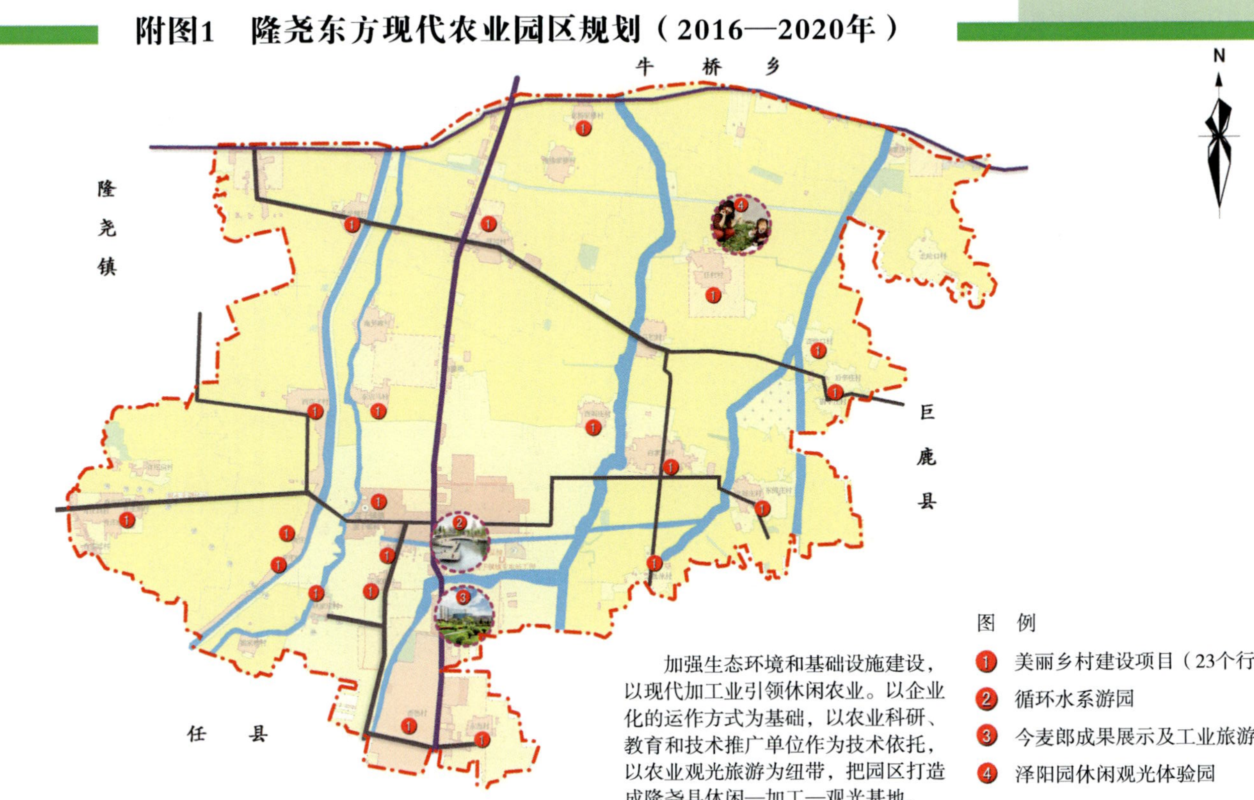

附图1-9　美丽乡村与休闲农业建设项目布局

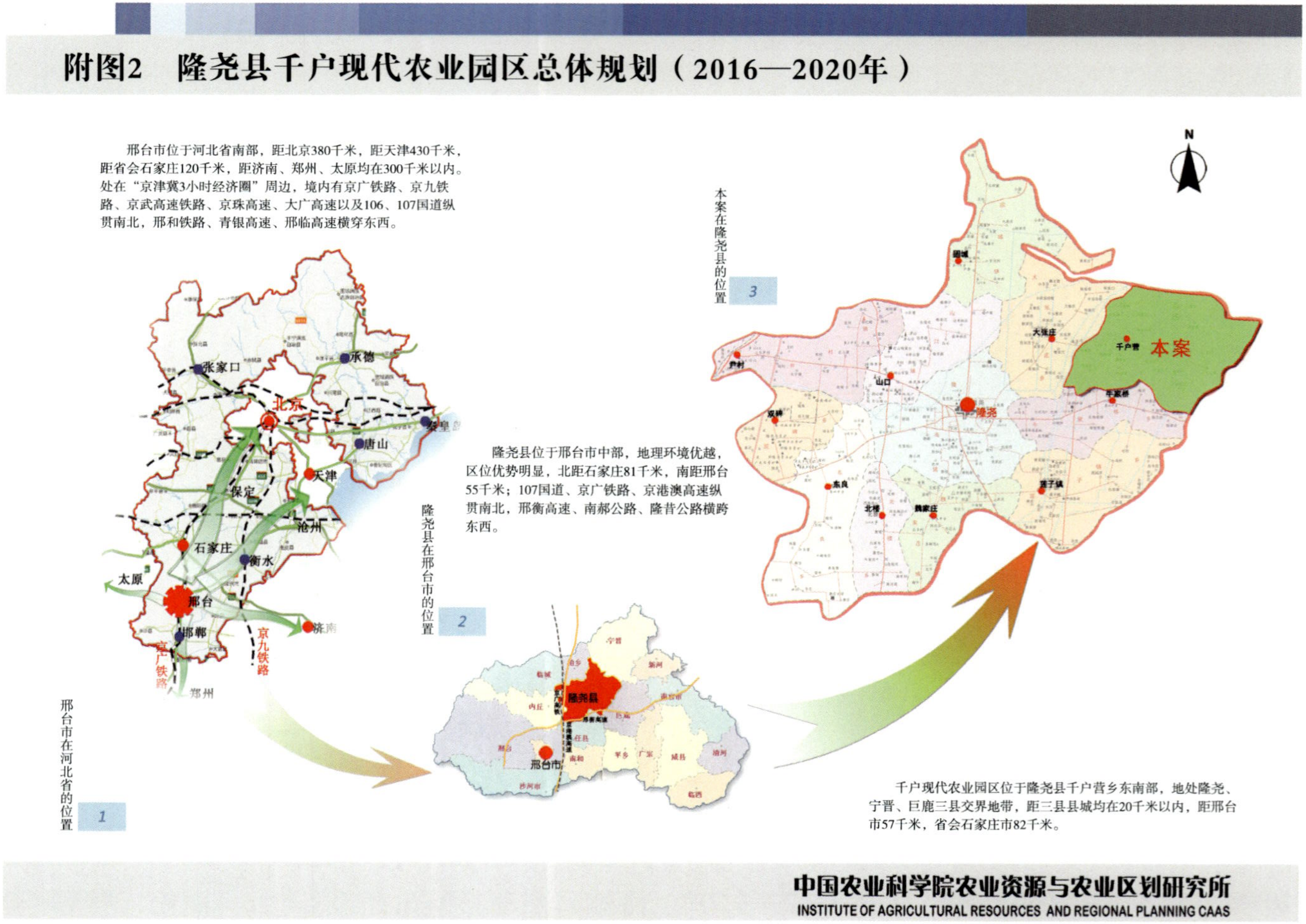
附图2　隆尧县千户现代农业园区总体规划（2016—2020年）
邢台市位于河北省南部，距北京380千米，距天津430千米，距省会石家庄120千米，距济南、郑州、太原均在300千米以内。处在“京津冀3小时经济圈”周边，境内有京广铁路、京九铁路、京武高速铁路、京珠高速、大广高速以及106、107国道纵贯南北，邢和铁路、青银高速、邢临高速横穿东西。
邢台市在河北省的位置
1
张家口
承德
北京
秦皇岛
唐山
天津
保定
沧州
石家庄
衡水
太原
邢台
邯郸
济南
郑州
京广铁路
京九铁路
隆尧县位于邢台市中部，地理环境优越，区位优势明显，北距石家庄81千米，南距邢台55千米；107国道、京广铁路、京港澳高速纵贯南北，邢衡高速、南郝公路、隆昔公路横跨东西。
隆尧县在邢台市的位置
2
隆尧县
邢台市
本案在隆尧县的位置
3
N
本案
千户营
大张庄
隆尧
山口
东良
北楼
魏家庄
千户现代农业园区位于隆尧县千户营乡东南部，地处隆尧、宁晋、巨鹿三县交界地带，距三县县城均在20千米以内，距邢台市57千米，省会石家庄市82千米。
中国农业科学院农业资源与农业区划研究所
INSTITUTE OF AGRICULTURAL RESOURCES AND REGIONAL PLANNING CAAS

附图2-1　园区区位分析

附图2　隆尧县千户现代农业园区总体规划（2016—2020年）

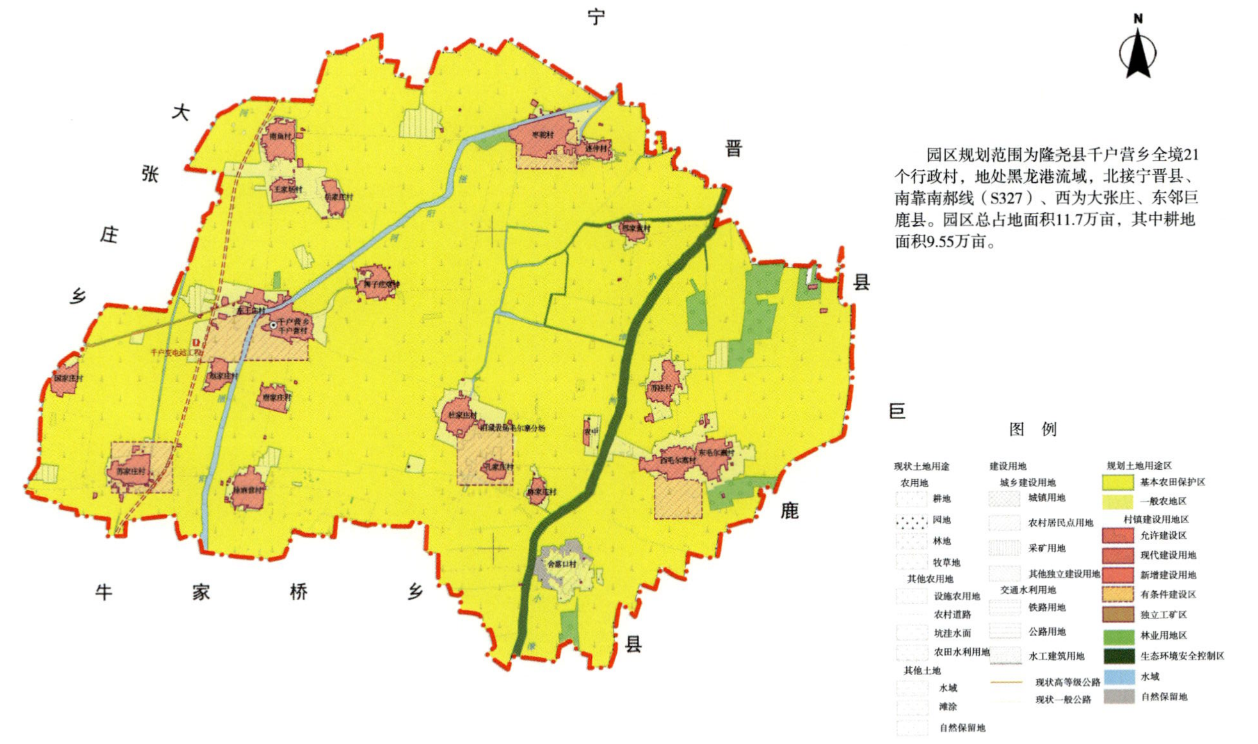

中国农业科学院农业资源与农业区划研究所
INSTITUTE OF AGRICULTURAL RESOURCES AND REGIONAL PLANNING CAAS

附图2-2　园区土地利用规划示意

附图2　隆尧县千户现代农业园区总体规划（2016—2020年）
N
宁
晋
大
张
庄
乡
巨
鹿
县
牛
家
桥
乡
宁西线
东干线
滏
阳
小
漳
河
千户营乡
宽怡东路
根据项目区的产业现状、自然资源条件和农业产业化发展要求，隆尧千户现代农业园区重点建设“三区一带一心”。
“三区”：指以怡东农牧为核心的有机蔬菜种植区，东干线两侧的设施蔬菜种植区和滏阳河两侧的露地蔬菜种植区。
“一带”：指优质畜禽养殖带。
“一心”：指交易物流中心。
交易物流中心
优质畜禽养殖带
设施蔬菜种植区
露地蔬菜种植区
有机蔬菜种植区
中国农业科学院农业资源与农业区划研究所
INSTITUTE OF AGRICULTURAL RESOURCES AND REGIONAL PLANNING CAAS

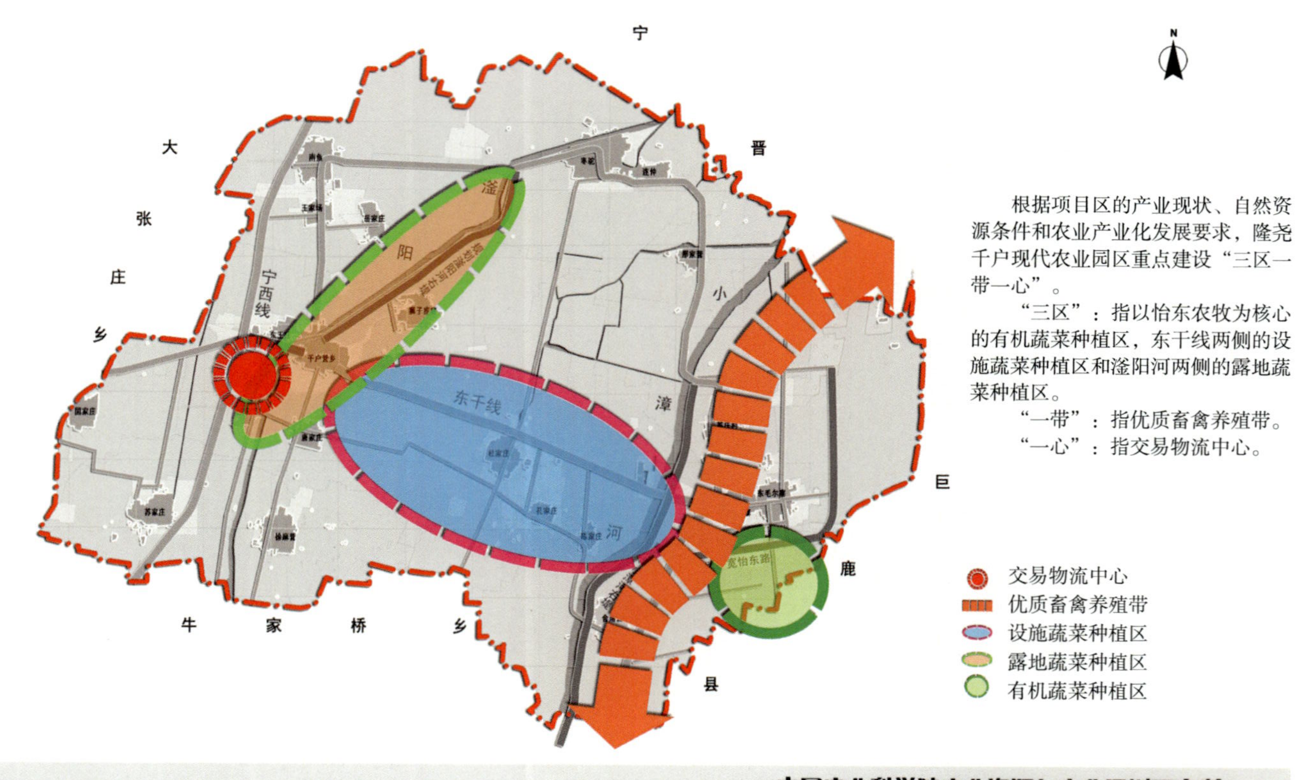

附图2-3　园区空间布局

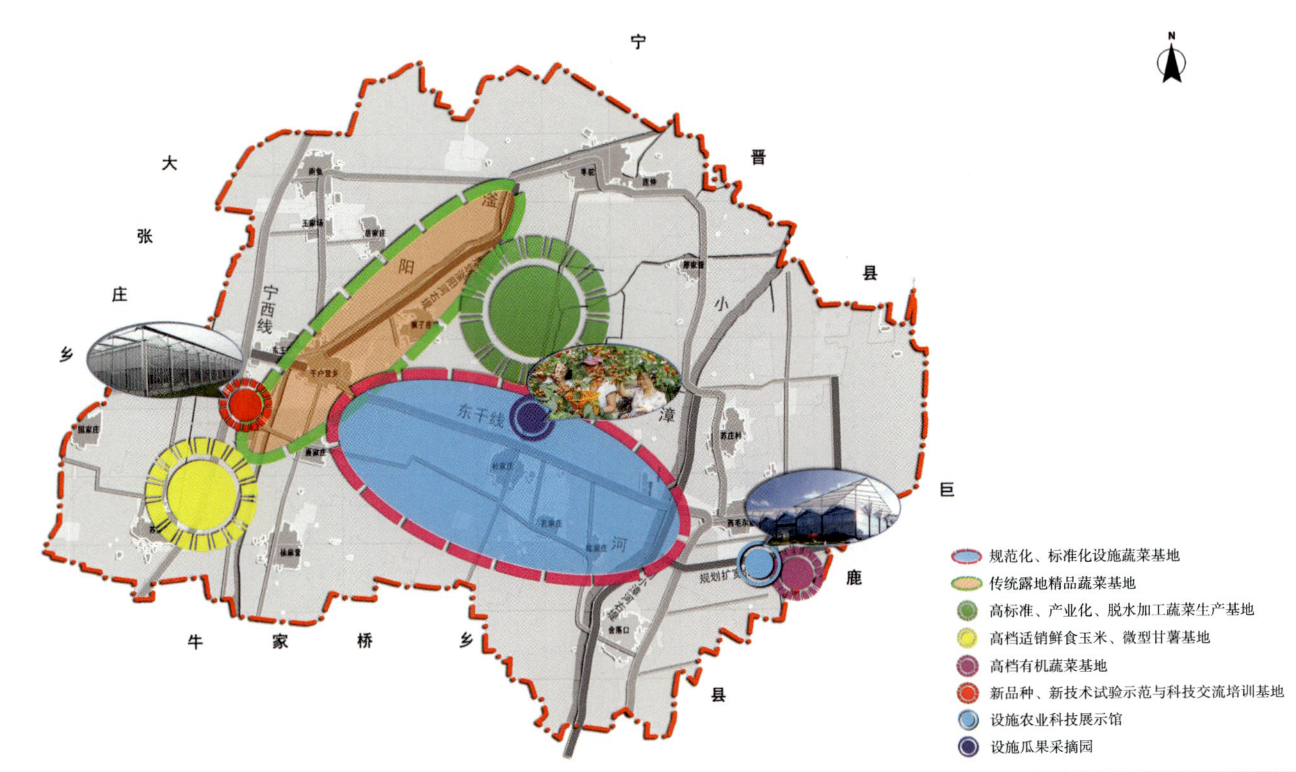

附图2-4 精品蔬菜建设工程布局

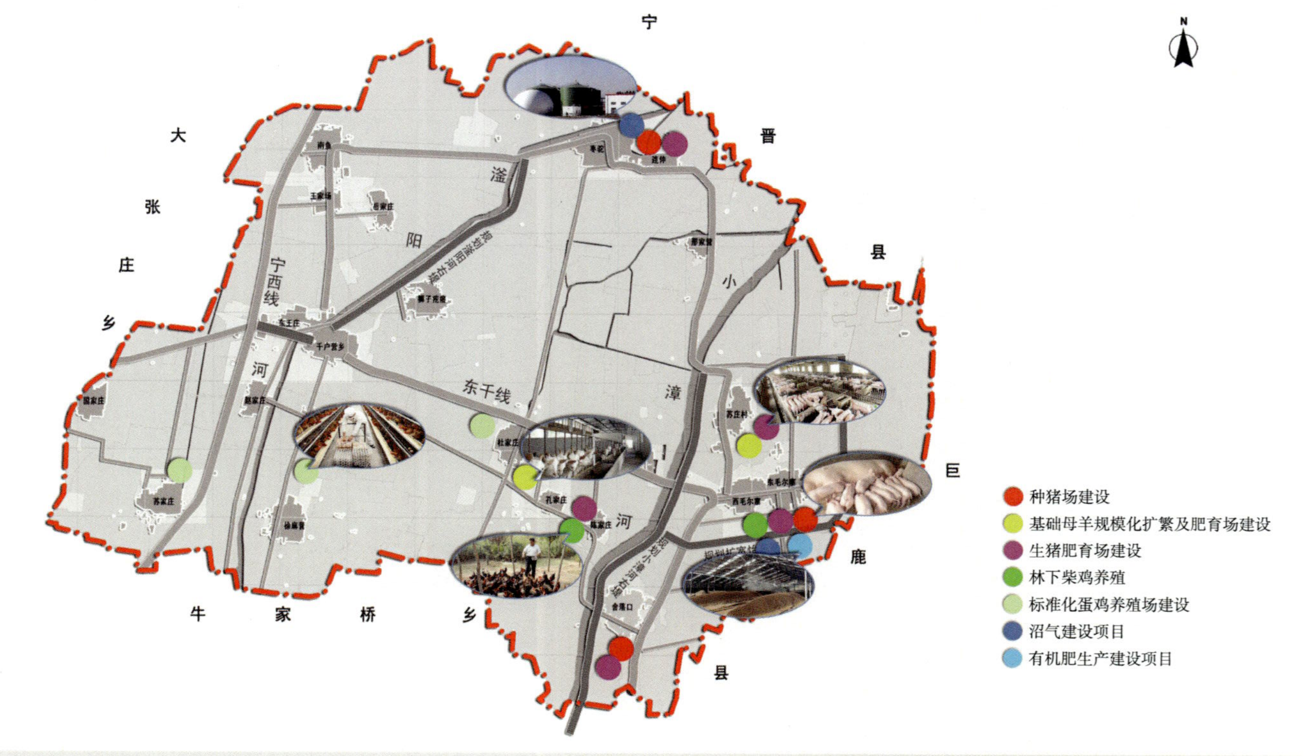

附图2–5　优质畜禽建设工程布局

附图2　隆尧县千户现代农业园区总体规划（2016—2020年）

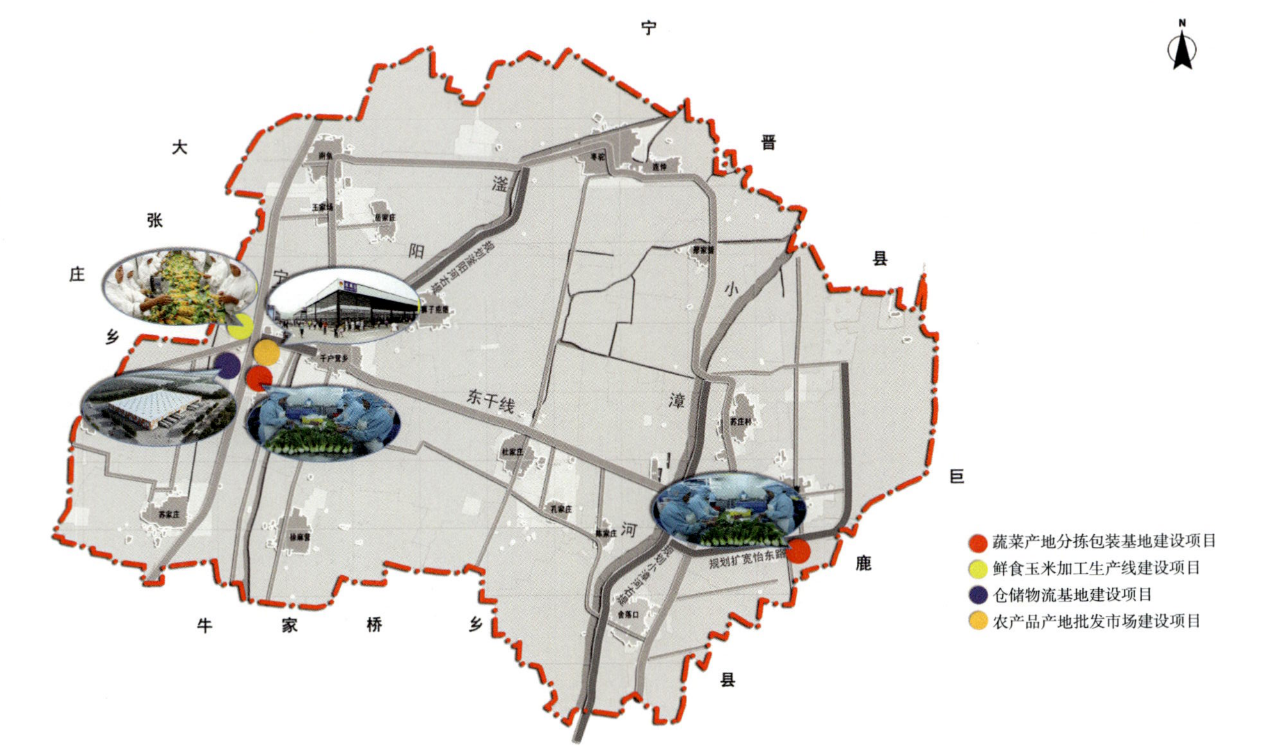

中国农业科学院农业资源与农业区划研究所
INSTITUTE OF AGRICULTURAL RESOURCES AND REGIONAL PLANNING CAAS

附图2-6　交易物流建设工程布局

附图2 隆尧县千户现代农业园区总体规划（2016—2020年）

附图2-7 园区道路规划示意

附图3　隆尧柏人现代农业园区总体规划（2016—2020年）

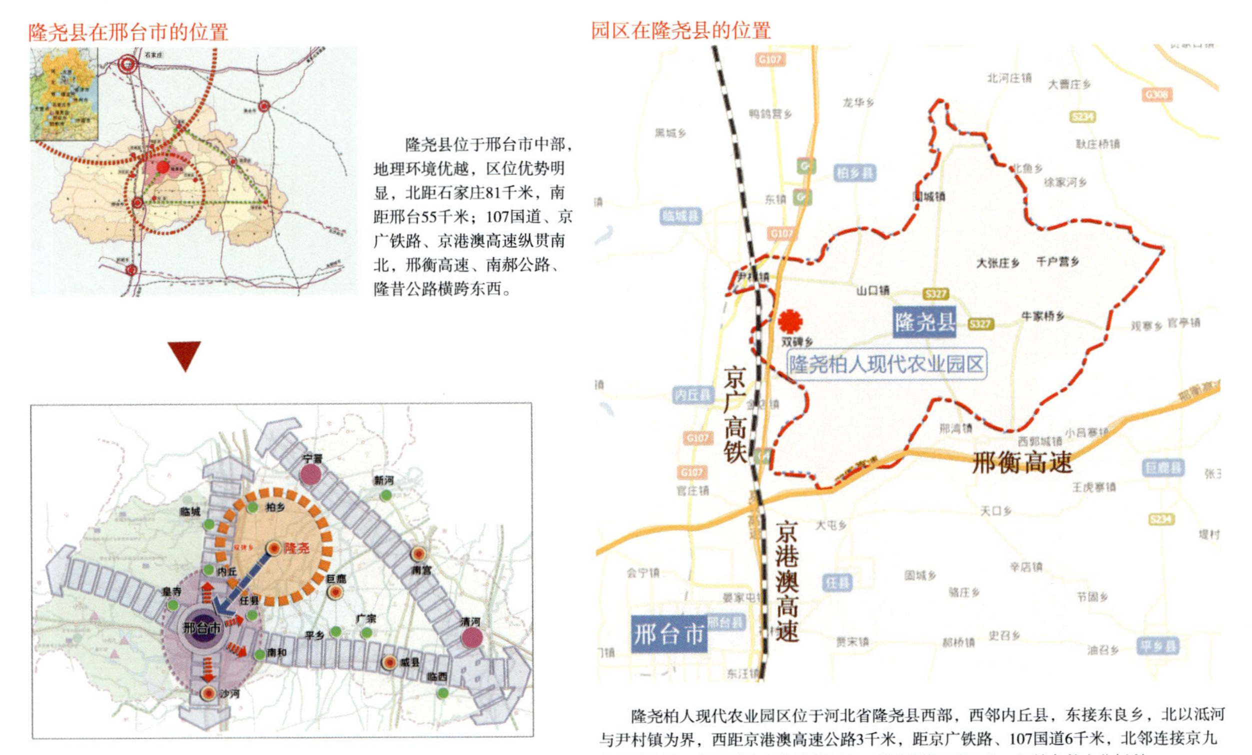

中国农业科学院农业资源与农业区划研究所
Institue of Agricultural Resources and Regional Planning, CAAS

附图3–1　园区区位分析

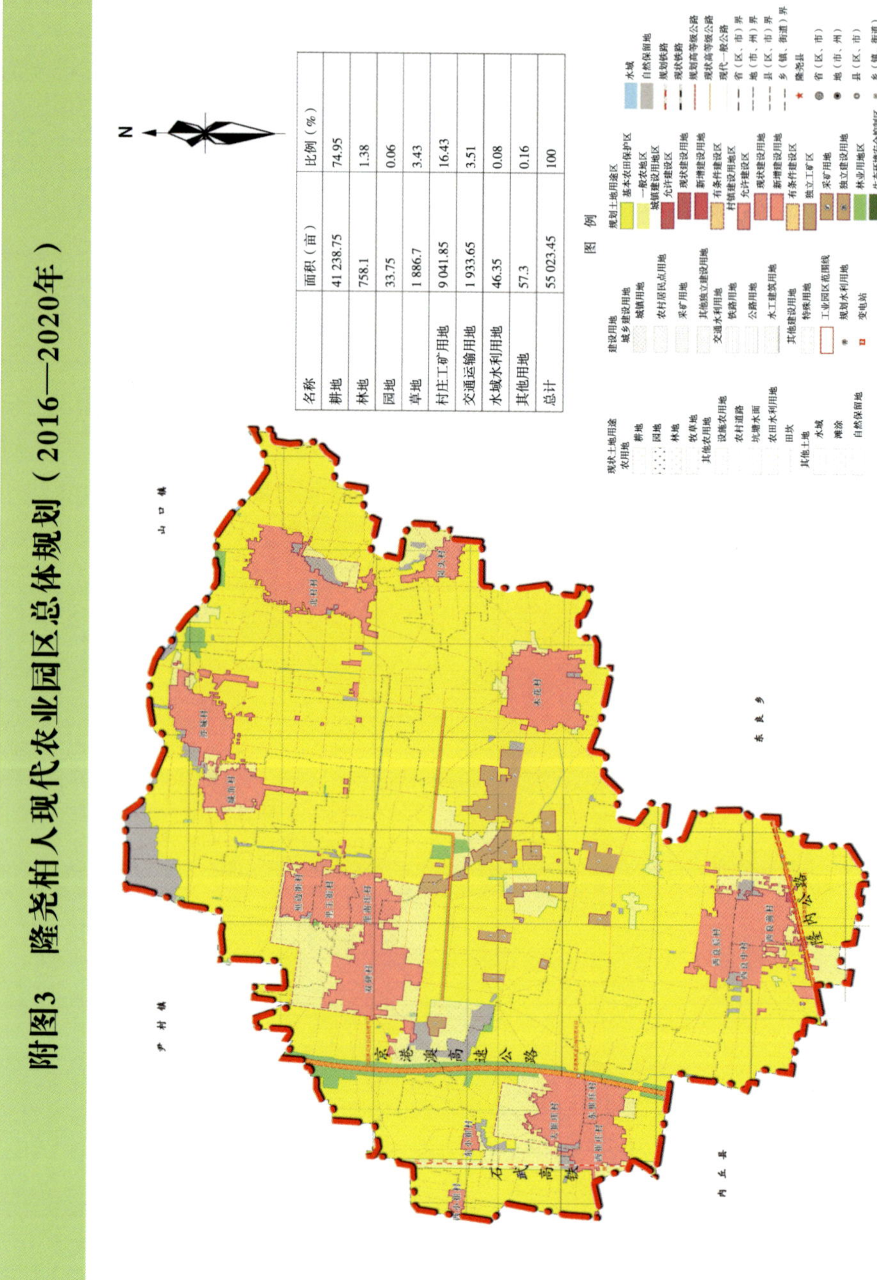

名称	面积（亩）	比例（%）
耕地	41 238.75	74.95
林地	758.1	1.38
园地	33.75	0.06
草地	1 886.7	3.43
村庄工矿用地	9 041.85	16.43
交通运输用地	1 933.65	3.51
水域水利用地	46.35	0.08
其他用地	57.3	0.16
总计	55 023.45	100

附图3-2　园区土地利用现状

附图3 隆尧柏人现代农业园区总体规划（2016—2020年）
尹村镇
山口镇
内丘县
东良乡
李昙家族墓群
柏人城遗址
京港澳高速公路
石武高铁
尹大线
规划一路
隆内公路
双碑村
赤城村
城角村
北村村
木花村
大崔庄村
东崔庄村
西崔庄村
东小寨村
西小寨村
西良后村
西良中村
西良前村
图 例
乡政府所在地
中心村
基层村
高速公路
铁 路
主干路
次干路
N
中国农业科学院农业资源与农业区划研究所
Institue of Agricultural Resources and Regional Planning, CAAS

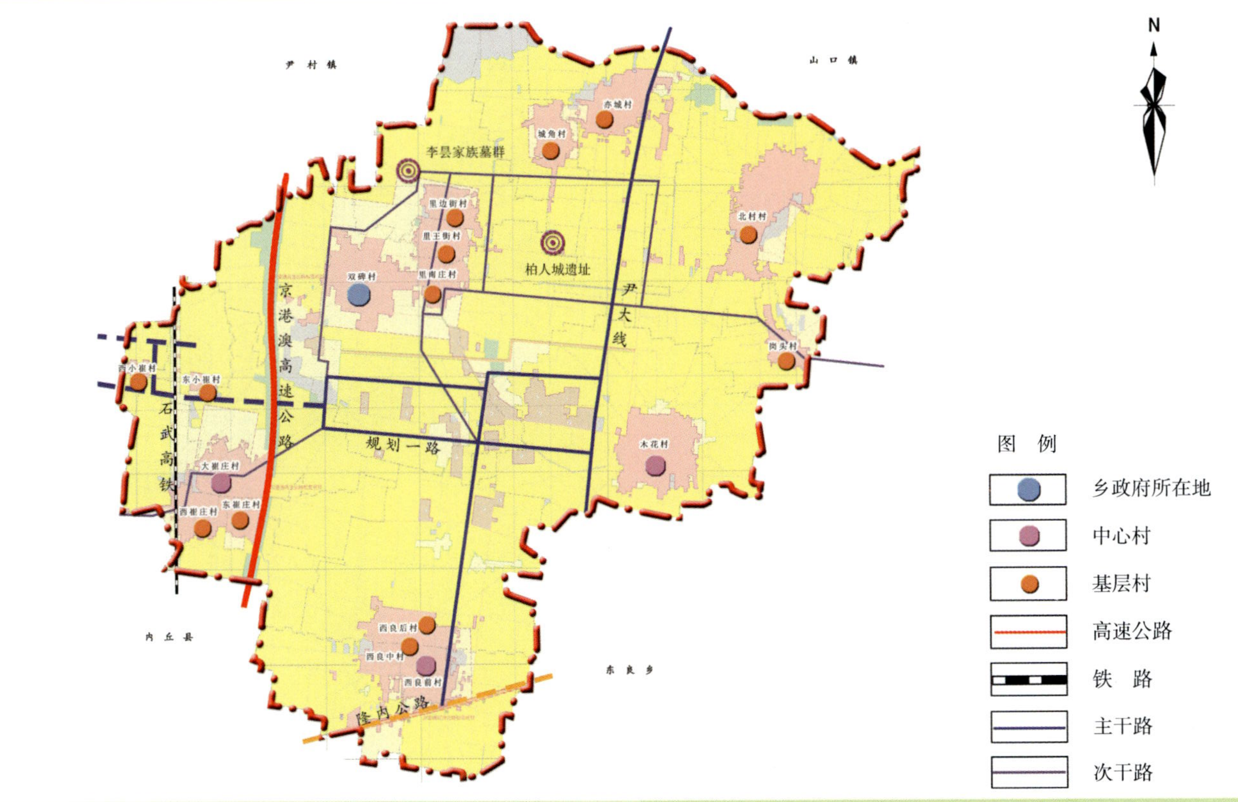

附图3-3 村庄体系现状

附图3 隆尧柏人现代农业园区总体规划（2016—2020年）
N
图例
农业观光带
美丽乡村与历史文化创意走廊
园区企业
历史文化古迹
柏人城遗址
李昱家族墓群
尹大线
京港澳高速公路
石武高铁
如山农业科技有限公司
红沙峪林果开发有限责任公司
立雄家庭农场
腾风农业科技有限公司
隆内公路
中国农业科学院农业资源与农业区划研究所
Institue of Agricultural Resources and Regional Planning, CAAS

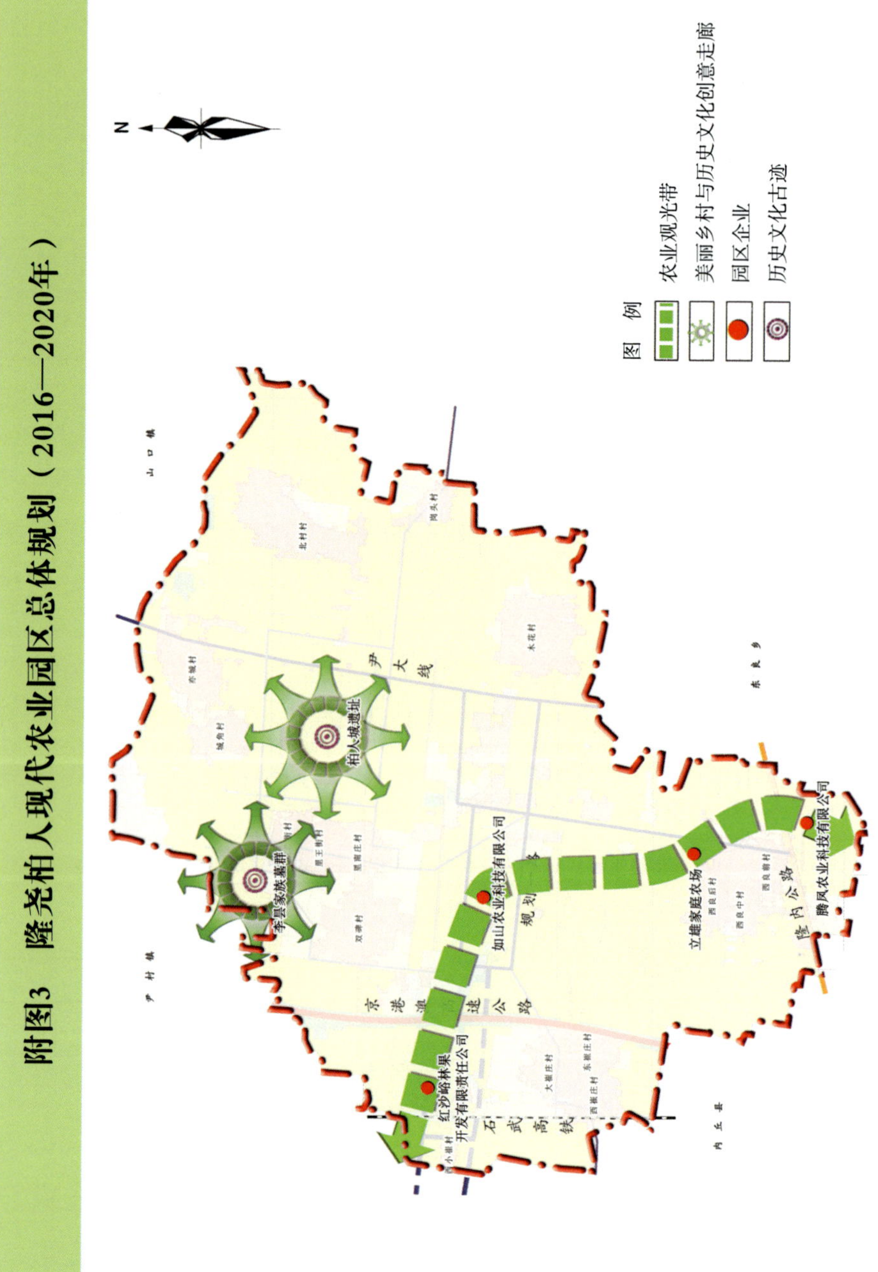

附图3-4 园区空间布局

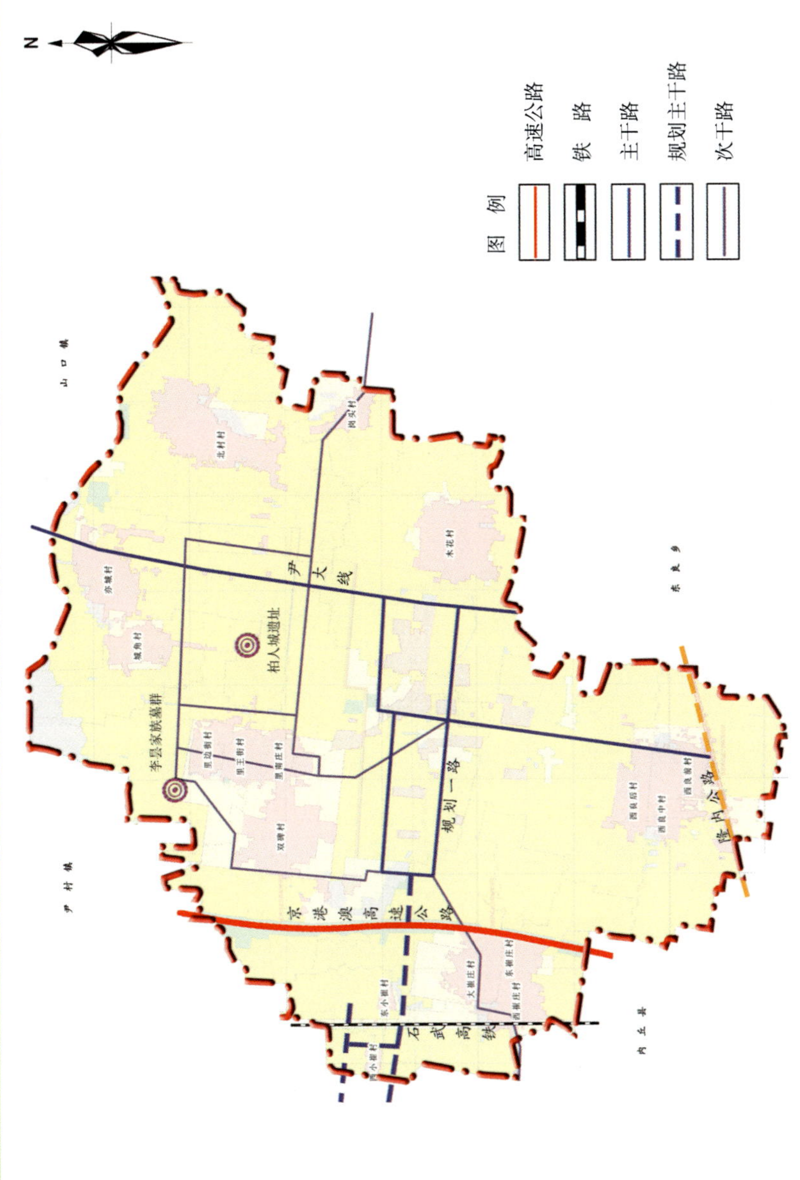

附图3-5 园区道路交通规划示意

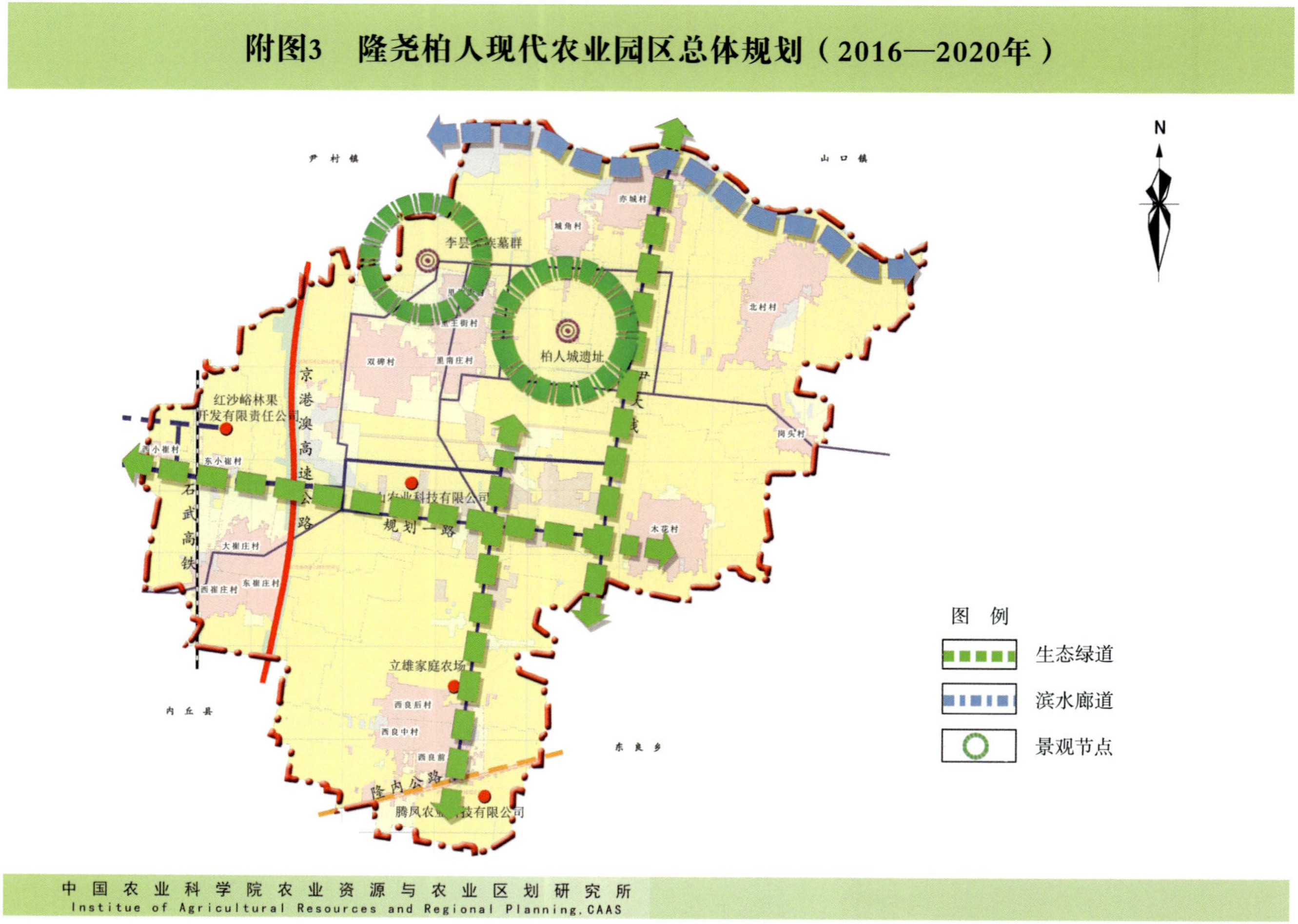

附图3 隆尧柏人现代农业园区总体规划（2016—2020年）

N

尹村镇

山口镇

内丘县

东良乡

李县令家墓群

柏人城遗址

红沙峪林果开发有限责任公司

京港澳高速公路

石武高铁

规划一路

尹大线

立雄家庭农场

隆内公路

图 例

生态绿道

滨水廊道

景观节点

中国农业科学院农业资源与农业区划研究所
Institue of Agricultural Resources and Regional Planning, CAAS

附图3-6 园区生态景观规划示意

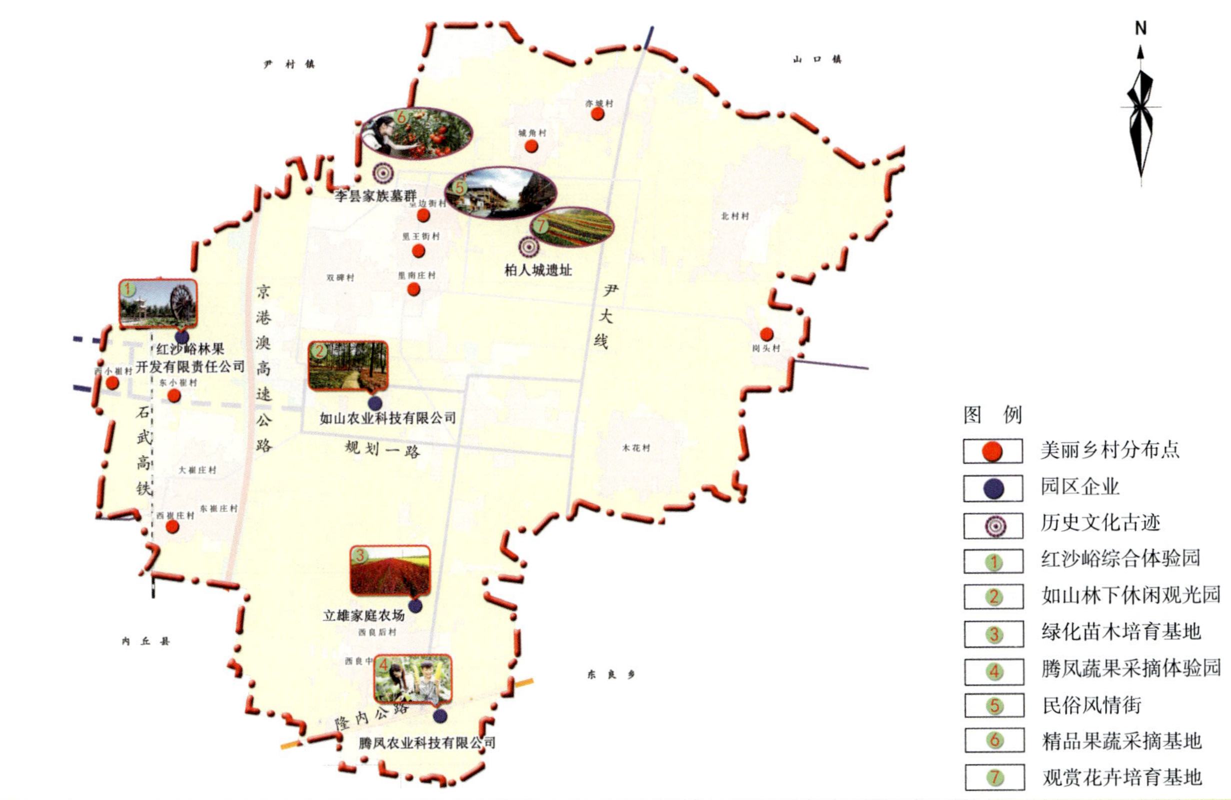

附图3–7　园区重点项目布局